V&R

Gerald Hüther

Mit Freude lernen – ein Leben lang

Weshalb wir ein neues Verständnis vom Lernen brauchen

Sieben Thesen zu einem erweiterten Lernbegriff und eine Auswahl von Beiträgen zur Untermauerung

Vandenhoeck & Ruprecht

Bibliografische Information der Deutschen Nationalbibliothek:
Die Deutsche Nationalbibliothek verzeichnet diese Publikation in der
Deutschen Nationalbibliografie; detaillierte bibliografische Daten sind
im Internet über http://dnb.de abrufbar.

© 2023, 2016 Vandenhoeck & Ruprecht, Theaterstraße 13,
D-37073 Göttingen, ein Imprint der Brill-Gruppe
(Koninklijke Brill NV, Leiden, Niederlande; Brill USA Inc., Boston MA,
USA; Brill Asia Pte Ltd, Singapore; Brill Deutschland GmbH, Paderborn,
Deutschland; Brill Österreich GmbH, Wien, Österreich)
Koninklijke Brill NV umfasst die Imprints Brill, Brill Nijhoff, Brill Hotei,
Brill Schöningh, Brill Fink, Brill mentis, Vandenhoeck & Ruprecht,
Böhlau, V&R unipress und Wageningen Academic.

Alle Rechte vorbehalten. Das Werk und seine Teile sind urheberrechtlich
geschützt. Jede Verwertung in anderen als den gesetzlich zugelassenen
Fällen bedarf der vorherigen schriftlichen Einwilligung des Verlages.
Printed in Germany.

Umschlagabbildung: Kreatives Konzept des menschlichen Gehirns,
© Anita Ponne, Shutterstock

Satz: SchwabScantechnik, Göttingen
Druck und Bindung: BALTO print, Vilnius

Vandenhoeck & Ruprecht Verlage | www.vandenhoeck-ruprecht-verlage.com

ISBN 978-3-525-70182-9

Inhalt

Einleitung 7

Teil 1: Sieben Thesen 13

These 1: Die Evolution des Lebens ist eine fortschreitende
Erweiterung der Lernfähigkeit lebender Systeme 15

These 2: Lernen ist ein sich selbst organisierender Prozess
zur Wiederherstellung von Kohärenz 27

These 3: Lernen führt über die Herausbildung labiler
Beziehungsmuster zur Ausformung stabiler Beziehungsstrukturen 33

These 4: Gelernt werden kann nur das, was für ein
Lebewesen bedeutsam ist 41

These 5: Lernen ist ein auf vorangegangenen
Lernerfahrungen aufbauender Prozess 47

These 6: Kein Lebewesen kann etwas lernen ohne Anregung
durch andere und ohne selbst mit dem, was es gelernt hat,
andere zum Lernen anzuregen 53

These 7: Nur Menschen können lernen, die Lernfähigkeit
anderer zur Verfolgung eigener Ziele und Absichten
zu benutzen 61

Fazit: Die Freude am Lernen ist Ausdruck der Freude
am Leben 67

Teil 2: Beiträge zur Untermauerung 75

Wie sich alles, was lebendig ist, immer wieder neu erfindet   77

Je unfertiger, desto lernfähiger: Die Innovationskraft
des Lebendigen 83

Das Gehirn rostet nicht 91

Die Bedeutung von Gefühlen für das Lernen 103

Nicht für die Schule, sondern für das Leben wird gelernt ... 113

Lernen ohne Sinn ist sinnlos 121

Lernen heißt, Beziehungen herzustellen 133

Voneinander und miteinander lernen: Argumente für
eine neue Lernkultur in Kommunen 143

Über die Atmosphäre, in der Bildung gelingen kann 155

Die Bedeutung von Geist und Haltung aus
neurobiologischer Sicht 161

Die Strukturierung des menschlichen Gehirns und
die Herausbildung von Bewusstsein durch
soziale Erfahrungen 173

Aussagekraft neurobiologisch messbarer Korrelate
für bewusste Entscheidungen 185

Der Erwerb von Metakompetenzen 193

Es ist nie zu spät, Neues hinzuzulernen 211

Ausleitung 221

Einleitung

Dieses Buch ist eine Herausforderung für alle, die sich mit der Frage befassen, wie das Lernen funktioniert, weil sie in Bildungseinrichtungen Lernprozesse optimieren und bessere Lernergebnisse bei Kindern, Jugendlichen und Erwachsenen erzielen wollen.

Denn in diesem Buch wird nach einer Antwort auf die Frage gesucht, weshalb die Mehrzahl der Menschen in unserer gegenwärtigen Gesellschaft das Lernen als eine lästige Pflicht betrachtet, der sie nur widerwillig nachkommen. Weshalb, so lautet die zentrale Frage, wird das Lernen und die damit einhergehende Bereicherung des eigenen Lebens und die durch das Lernen ermöglichte eigene Weiterentwicklung nur von so wenigen Personen als zutiefst lustvoll und beglückend empfunden?

Vieles spricht dafür, dass die Art und Weise, wie das Lernen gegenwärtig noch immer definiert wird und wie wir es in unserem Leben einordnen, die angeborene Lernlust des Menschen in Lernfrust verwandelt. Und weshalb? Weil wir das Lernen in den engen Rahmen eingezwängt haben, den die speziell zum Zweck des Lernens geschaffenen Einrichtungen vorgeben. Weil dort von einer Definition des Lernens ausgegangen und eine Vorstellung vom Lernen entwickelt worden ist, die weit an dem vorbeigeht, was die Fähigkeit, lernen zu können, tatsächlich bedeutet:

Aus biologischer Sicht heißt Lernen nichts anderes,
als lebendig zu bleiben.
Wer nichts mehr lernen kann, ist tot.

Und das gilt nicht nur für uns, das gilt für alles, was lebt. Das ist die zentrale Botschaft dieses Buches. Dabei geht es nicht um das, was in Bildungseinrichtungen geschieht. Es geht um die Ideen und Theorien, die dieses Geschehen bestimmen. Die Vorstellungen, die zur Einordnung bestimmter Phänomene – und das Lernen ist ein solches Phänomen – einmal entwickelt, verbreitet und in den Köpfen der meisten Menschen verankert worden sind, wirken in allen Lebensbereichen wie Koordinaten, mit deren Hilfe wir den Kurs für den Umgang mit den betreffenden Phänomenen festlegen. Manchmal – und zwangsläufig immer dann, wenn diese Vorstellungen zu eng sind – werden sie zu Fesseln, die jede Weiterentwicklung verhindern. Dann kann aus Lernlust nur noch Lernfrust werden. Und der hält so lange an, bis sich die alten Vorstellungen vom Lernen endlich erweitert, geöffnet und dem, was Lernen wirklich bedeutet, genähert haben.

Als Biologe und erst recht im Rahmen meiner neurobiologischen Forschungstätigkeit, habe ich oft genug am eigenen Leib und bisweilen auch auf schmerzhafte Weise erleben müssen, wie ich bei meinen Versuchen, bestimmte Phänomene aufzuklären und zu verstehen, irgendwann nicht mehr weiterkam. Ich war mit meinen Denkansätzen, meinen Vorstellungen und Annahmen, mit denen ich ein bestimmtes Phänomen untersuchen wollte, in eine Sackgasse geraten. Das betreffende Phänomen erwies sich als komplexer als gedacht, es war viel stärker mit anderen Phänomenen verbunden und von ihnen abhängig, als ich zunächst angenommen hatte.

So war ich immer wieder gezwungen, meine anfänglichen Vorstellungen infrage zu stellen. Sie waren zu eng. Ich musste sie erweitern, sie in einen größeren Rahmen stellen, die jeweiligen Phänomene in ihrer Ganzheitlichkeit, in ihrer Eingebundenheit in übergeordnete Zusammenhänge betrachten. Das war nicht ganz leicht, denn nun war es mir nicht länger möglich, mich mit der bloßen Beschreibung von aus ihrem jeweiligen Kontext herausgelösten Phänomenen zu befassen. Um beispielsweise die Mechanismen der Freisetzung eines bestimmten Transmitters zu untersuchen, hatte ich jetzt zu berücksichtigen, wie die betreffende Nervenzelle beschaffen war, in welcher Beziehung sie zu anderen Nervenzellen stand und wie dieser Freisetzungsprozess von deren Aktivitäten beeinflusst wurde. Um bestimmte Phänomene im Gehirn zu verstehen, musste ich in meine Überlegungen einbeziehen, dass ein Gehirn in Wirklichkeit ja niemals für sich allein existiert, dass es auf engste und untrennbare Weise mit dem Körper verbunden ist. Mehr noch, dass all das, was in einem menschlichen Gehirn passiert, immer abhängig ist von den jeweiligen Erfahrungen, die die betreffende Person beim Heranwachsen und im Zusammenleben mit anderen Menschen gemacht hatte. Erst durch diese Erfahrungen war es ja im Gehirn dieser Person zur Herausformung der entsprechenden Verschaltungsmuster gekommen, die ich untersuchen wollte.

Am allerdeutlichsten wurde die Unzulänglichkeit all jener Vorstellungen, die das Lernen betreffen und die ich, ohne darüber nachzudenken, von anderen übernommen hatte, für mich spürbar, als ich bei Untersuchungen von Lernprozessen im Gehirn von Küchenschaben feststellen musste, dass diese Schaben ihre Lernaufgaben auch nach Entfernung ihres Gehirns noch genauso gut bewältigten. Es blieb mir damals gar nichts anderes übrig, als fortan davon auszugehen, dass ein funktionsfähiges Gehirn für das Lernen eine zwar günstigere, aber nicht notwendige Voraussetzung ist. Und als ich dann später feststellen musste, dass auch sehr einfache Lebewesen, sogar Einzeller, die noch nicht einmal über ein Nervensystem verfügen, durchaus auch etwas – wenngleich nicht allzu viel – lernen können, war ich endgültig mit meiner Vorstellung davon, was Lernen ist, am Ende.

Ich war gezwungen umzudenken, und das war gut so. Denn nun begann sich mein Blick endlich zu öffnen. Ich begann Lernprozesse bei Hühnerembryonen zu untersuchen, die gerade einmal so groß wie ein Stecknadelkopf waren. Und später, im Rahmen meiner Forschungen in einer psychiatrischen Klinik, wurde mir schnell klar, dass viele Patienten offenbar tief greifende Lernerfahrungen gemacht hatten, die nun ihr ganzes Denken, Fühlen und Handeln bestimmten, die aber überhaupt nichts mit dem zu tun hatten, was Pädagogen in der Schule unter Lernen verstehen.

Vor allem jene Kinder und Jugendlichen, die mit der Diagnose ADHS in die Klinik gekommen waren, beschäftigten mich damals sehr. Sie hatten Verhaltensweisen erlernt und in ihrem Gehirn verankert, die ihnen das Lernen in der Schule unter den dort herrschenden Bedingungen extrem schwer machten. Bei vielen entwickelten oder verstärkten sich diese sonderbaren Verhaltensweisen sogar erst in der Schule. Anstatt in den genetischen Anlagen oder im Gehirn nach den Ursachen dieser Verhaltensweisen zu suchen, schien es mir sinnvoller, der Frage nachzugehen, weshalb die Schule so einen ungünstigen Einfluss auf die Entwicklung dieser Kinder – und vor allem auf ihre Lernfreude – hat. Mir wurde schnell klar: Wenn unter Lernen die Aneignung von Wissen verstanden wird, das in einem Lehrplan vorgegeben, in Schulstunden unterrichtet und in Leistungskontrollen überprüft wird, kann diese sehr eng gefasste Form des Lernens nur schwer und auch nur manchen Kindern gelingen. Alle anderen verlieren allzu leicht ihre Lust dabei und betrachten das Lernen fortan als eine frustrierende Last. Damit sind die Weichen für alles Weitere gestellt: Berufsschulen und Universitäten beschweren sich über das Unwissen und die Unlust der Schulabgänger, Unternehmen müssen Weiterbildungsprogramme für ihre Mitarbeiter wie Sauerbier anbieten und fürchten um ihre Konkurrenzfähigkeit auf globalen Märkten aufgrund eines sich ausbreitenden Fachkräftemangels. Da sich diese Probleme trotz intensiver Lernforschung und pädagogischer Ausbildung in den vergangenen Jahrzehnten eher verstärkt als verbessert haben, stellt sich die Frage, ob wir nicht möglicherweise mit einer zu kurzsichtigen, zu engen und zu lebensfremden Vorstellung vom Lernen unterwegs sind.

Um diese Vorstellung zu öffnen und unser Denken und Handeln aus der Umklammerung eines nur auf schulisches Lernen bezogenen Lernbegriffs zu befreien, habe ich dieses Buch geschrieben. Sein zentraler und erster Teil besteht aus sieben Thesen, die das Lernen aus einer biologischen Perspektive beleuchten und aus einem bisher kaum beachteten Blickwinkel betrachten: Lernen ist nicht nur Ausdruck von Lebendigkeit, sondern auch deren Voraussetzung.

Und als Fazit:
Wer das Lernen von außen zu lenken versucht,
unterdrückt damit genau das, was das Lernen erst lebendig macht:
Die Freude am Lernen – oft sogar ein Leben lang.

Der zweite Teil des Buches enthält Beiträge, die ich aus Aufsätzen, Vorträgen und Interviews zusammengestellt habe. Sie können nach Lust und Laune in beliebiger Reihenfolge gelesen werden. Sie dienen – wie Illustrationen – der Veranschaulichung, Konkretisierung und Untermauerung der im ersten Teil dargestellten sieben Thesen. Es sind also nur unterschiedliche Variationen ein und desselben Themas.

Göttingen, im November 2015
Gerald Hüther

Teil 1: Sieben Thesen

These 1

Die Evolution des Lebens ist eine fortschreitende Erweiterung der Lernfähigkeit lebender Systeme

Kein Lebewesen existiert für sich allein. Jedes Bakterium, jede einzelne Zelle, jede Alge, jeder Pilz, jede Pflanze und jedes Tier, alles, was lebendig ist, braucht andere Lebewesen – auch um selbst zu überleben –, aber vor allem, um sich weiterentwickeln und seine dabei gemachten Erfahrungen an seine Nachkommen weitergeben zu können. Leben heißt also immer, mit anderen verbunden, von anderen abhängig zu sein. Immer dann, wenn diese Verbindung und wechselseitige Abhängigkeit vieler einzelner und verschiedenartiger Lebewesen besonders deutlich wird, nennen wir dieses Gebilde ein lebendes System. Ein aus vielen unterschiedlichen Einzelzellen bestehender Organismus ist so ein lebendes System, eine Gemeinschaft aus vielen unterschiedlichen Individuen bildet ein lebendes System. Wenn unterschiedliche Arten in einem bestimmten Biotop zusammenleben, bezeichnen wir das als Ökosystem. Und wenn wir unseren Planeten als einen einzigen großen Lebensraum betrachten, so ist alles, was dort lebt, Teil dieses gesamten, hier auf der Erde entstandenen und sich fortwährend weiterentwickelnden lebendigen Systems.

Wenn einzelne Arten aussterben oder wenn sich einzelne Individuen oder Arten oder Zellen auf Kosten anderer ausbreiten, verliert das betreffende lebende System nicht nur seine Vielfalt. Weil Leben niemals ein stabiler Zustand ist und Lebewesen nur lebendig bleiben können, indem sie sich fortwährend weiterentwickeln, geht dieser Verlust an Vielfalt und Unterschiedlichkeit zwangsläufig auch mit einem Verlust der Entwicklungsfähigkeit des jeweiligen lebenden Systems einher. Im Verlauf der Evolution des Lebendigen ist es immer wieder zu derartigen Destabilisierungen, zum Untergang einzelner Arten und zum Zusammenbruch ganzer Ökosysteme gekommen. Aber damit sind auch immer wieder Freiräume für die Entstehung und Ausbreitung neuer Arten und für die erneute Generierung von Vielfalt entstanden. Grundlage dafür war und ist die allem Lebendigen innewohnende Fähigkeit zur eigenen Veränderung. Sie offenbart sich als »Fehlerfreundlichkeit« bereits auf der Ebene der genetischen Anlagen (Mutation) und ihrer anschließenden »Durchmischung« bei der sexuellen Fortpflanzung (Rekombination). Durch nachfolgende Selektion der für die jeweils herrschenden Lebensbedingungen am besten angepassten Phänotypen werden bestimmte genetische Anlagen an die Nachkommen weitergegeben, andere nicht. Dadurch erlangt der evolutionäre Prozess und die im Verlauf dieses Prozesses auf genetischer Ebene generierte Vielfalt an Möglichkeiten eine Richtung: Zwangsläufig waren all jene Lebensformen in Bezug auf ihr Überleben und ihre Reproduktion begünstigt, deren genetische Anlagen es ihnen ermöglichte, die Herausbildung körperlicher Strukturen immer besser an die im Verlauf der Individualentwicklung jeweils vorgefundenen Lebensbedingungen anzupassen.

Diese Lebewesen waren weniger abhängig von der Konstanz der von ihnen besiedelten Lebensräume, sie waren in der Ausprägung ihrer körperlichen Merkmale variabler und besser für die Besiedlung inkonstanter und vielgestaltiger Lebensräume mit unterschiedlichen Erfordernissen geeignet. Ein körperliches Merkmal, das sich im Verlauf dieses Prozesses in besonderer Weise herauszubilden begann, war das Nervensystem und ein zur Steuerung dieser Anpassungsprozesse geeignetes Gehirn.

Aber Lernen ist keine Leistung, die erst wir Menschen erfunden haben. Und um etwas lernen zu können, braucht man noch nicht einmal ein Gehirn. Alle Lebewesen, sogar die allerprimitivsten Bakterien oder Einzeller müssen das, was für ihr Überleben wichtig ist, lernen können. Jedes auf seine besondere Weise. Denn Leben heißt, die einmal gefundene Stabilität und die zu diesem Zweck herausgebildeten Strukturen, Mechanismen und Beziehungen trotz ständig auftretender Veränderungen in Form von Störungen oder Bedrohungen immer wieder herstellen und aufrechterhalten zu können. Dazu muss jedes Lebewesen in der Lage sein. Sonst stirbt es. Egal, ob es sich dabei um eine Blaualge handelt oder einen Menschen. Diese eigenen Reaktionen auf störende oder bedrohliche Veränderungen ihrer jeweiligen Lebenswelt vollbringen alle Lebewesen aus sich heraus. Sie benötigen dazu Energie, die sie entweder selbst erzeugen (Pflanzen aus Sonnenlicht und CO_2 durch Photosynthese, das Ganze gespeichert in Form von Zucker oder Stärke) oder die sie sich einverleiben, indem sie Pflanzen fressen oder aber Tiere, die ihrerseits wieder Pflanzen fressen.

Mit Hilfe dieser selbst erzeugten oder mit der Nahrung zugeführten Energieträger sind alle Lebewesen in der Lage, die in ihrer jeweiligen Lebenswelt auftretenden und ihre innere Stabilität bedrohenden Veränderungen auszugleichen. Sie nutzen dazu in ihrer eigenen inneren Organisation angelegte Mechanismen. Schon alle Einzeller können sich durch Rückgriff auf solche Reaktionsmuster z. B. von einer Gefahrenquelle weg- und zu für sie günstigeren Bedingungen hinbewegen. Oder sich abkapseln, wenn Austrocknung droht, oder Giftstoffe absondern, um zu vermeiden, dass sie gefressen werden. Und natürlich sind auch schon die primitivsten Lebewesen, wenn sie einer derartigen Veränderung ihrer bisherigen Lebenswelt über einen längeren Zeitraum ausgesetzt sind, in der Lage, die für das Zustandekommen und die Steuerung dieser ihnen eigenen Reaktionsmuster verantwortlichen Mechanismen zu verstärken. Sie können dann, als Einzeller beispielsweise, zunehmend besser und schneller wegschwimmen, sich abkapseln oder Giftstoffe absondern als diejenigen, deren Lebensbedingungen bisher weitgehend konstant geblieben waren und die deshalb keine Veranlassung hatten, immer wieder auf bestimmte Störungen oder Bedrohungen durch die Aktivierung derartiger Antworten zu reagieren. Erstere haben also gelernt, wie sie effektiver reagieren können (völlig ohne Nervensystem oder gar ein Gehirn), Letztere nicht.

Das Ausmaß dessen, was von den Einzellern in dieser Weise gelernt werden kann, ist allerdings noch ziemlich beschränkt.

Aber ein bisschen können müssen sie es alle, sonst droht ihnen der sichere Tod, sobald eine Störung etwas länger anhält. Und was sich im Inneren dieser Einzeller bei solchen Lernprozessen abspielt, unterscheidet sich gar nicht so sehr von dem, was auch im Inneren einer Nervenzelle passiert, wenn sie dauerhaft von Impulsen anderer Nervenzellen bombardiert wird. Bestimmte Gene werden dann vermehrt abgeschrieben, die entsprechenden Proteinsequenzen vermehrt gebildet und in Form von Enzym- und Strukturproteinen bereitgestellt. Und deshalb funktioniert anschließend auch die Antwort auf eine solche Störung entsprechend besser. Aber die betreffende Nervenzelle oder der betreffende Einzeller ist dann nicht mehr so beschaffen wie vorher. Sie oder er kann nun etwas, was vorher so noch nicht ging. Sie oder er hat etwas hinzugelernt.

Auf gleiche, nur etwas komplexere Weise lernen auch die Zellen eines vielzelligen Organismus, sich an bestimmte Gegebenheiten anzupassen. Nur werden in diesem Fall die anhaltenden Störungen eben von anderen Zellen verursacht, mit denen die betreffenden Körper- oder Nervenzellen in enger Beziehung stehen. So lernt zum Beispiel eine Leberzelle, wie sie trotz ständiger Alkoholzufuhr überleben kann. Oder eine Pyramidenzelle im Frontalhirn, wie sie auf die fortwährende Ausschüttung erregender Transmitter durch die Präsynapsen der umgebenden Neuronen reagieren kann. Beispielsweise dadurch, dass sie vermehrt Fortsätze ausbildet, an deren Enden sie Transmitter ausschüttet, die all jene überregten Neurone hemmen, die ihr so sehr zu schaffen machen.

Gelänge ihr das nicht, würde sie aufgrund eines zu hohen Ca^{++}-Einstroms und die dadurch ausgelöste Aktivierung eiweißspaltender Enzyme absterben. Indem ihr es aber gelingt, verändert sie zwangsläufig die Gegebenheiten, unter denen diese anderen Nervenzellen nun ihrerseits leben. Sie zwingt diese zu entsprechenden Reaktionen. Lernen ist also bereits auf zellulärer Ebene kein individueller, sondern immer ein sich auf andere Mitglieder eines lebenden Systems ausbreitender und schließlich das gesamte lebende System erfassender und verändernder Prozess.

Das gilt nicht nur für vielzellige Organismen. Auch eine menschliche Gemeinschaft, etwa eine Familie, verändert ihre innere Organisation, passt also die Beziehungen und Aktivitäten ihrer Mitglieder an eine neue Situation an, sobald beispielsweise ein Kind schwer und langwierig erkrankt. Auch das ist ein Lernprozess. Gelingt er nicht, zerfällt über kurz oder lang die ganze Familie. Auch ganze Ökosysteme durchlaufen solche langfristigen Veränderungs- und Anpassungsprozesse, beispielsweise dann, wenn aus anderen Ländern einzelne Pflanzen und Tiere eingeschleppt werden und sich auszubreiten beginnen.

In welchem Umfang und mit welcher Intensität einzelne Mitglieder eines lebenden Systems in der Lage sind, das gesamte System in einen derartigen Veränderungsprozess hineinzuführen, hängt vom Ausmaß und der Intensität ihrer Vernetzung und wechselseitigen Abhängigkeiten und damit von der Reichweite der Veränderung ab, die sich in einem einzelnen Mitglied vollzieht und die es auf andere Mitglieder zu übertragen imstande ist. In einem Unternehmen beispielsweise – auch das ist ein lebendes System – hat es ganz andere Auswirkungen auf die gesamte Belegschaft, wenn der Chef seine bisherige Einstellung und Haltung verändert, als wenn dies der Pförtner tut.

Auch in vielzelligen Organismen ist der Einfluss, den einzelne Zellen auf andere Zellen haben, nicht immer gleich. Manche Zellen oder Zellverbände können eine Veränderung, die sich in ihnen vollzogen hat, an sehr viele, sehr unterschiedliche und auch sehr weit entfernte Körperzellen weitergeben. Nervenzellen können das – und hier wiederum in besonderer Weise all jene, die in die zentralen Schaltkreise des Gehirns eingebunden sind. Wenn sich in diesen Zellen nachhaltige Veränderungs- und Anpassungsprozesse vollziehen, werden die besonders leicht auf sehr viele und sehr unterschiedliche Körperzellen übertragen. Wenn diese Veränderungen längere Zeit fortbestehen, führen sie zu entsprechend veränderten Leistungen und Funktionen sehr vieler und sehr unterschiedlicher anderer Organe. Bemerkenswert sind aber nicht nur diese besonders stark ausgeprägten Möglichkeiten des Nervensystems und insbesondere des Gehirns, eigene Veränderungen und Anpassungen (also Lernerfahrungen) an so viele andere Körperzellen weiterzugeben und dort entsprechende Veränderungen auszulösen, die die Aktivitäten und Leistungen des Gesamtorganismus bestimmen. Ebenso bemerkenswert ist der Umstand, dass die von einer Person mit ihrem Gehirn gemachte und als nachhaltige Anpassungsleistungen dort entstandene Veränderungen (Lernerfahrungen) auch die Aktionen und Reaktionen der anderen Mitglieder einer Gemeinschaft bestimmen und dazu führen, dass diese anderen Mitglieder der betreffenden Gemeinschaft (des lebenden Systems) so Gelegenheit bekommen oder gar gezwungen werden, sich mit diesen neuen Bewertungen und Verhaltensweisen Einzelner auseinanderzusetzen, sie abzulehnen oder zu übernehmen und dabei neue eigene Lernerfahrungen zu machen.

Beides, die Wirkmächtigkeit von im Gehirn verankerten Lernerfahrungen nach Innen, also auf körperlicher Ebene, wie auch die Wirkmächtigkeit derartiger Erfahrungen nach außen, also auf sozialer Ebene, hat dazu geführt, dass Lernen und Lernerfahrungen bisher primär auf der Ebene des Gehirns verortet und untersucht worden sind.

Auf der Entwicklungsstufe der Hohltiere, bei den Polypen, lässt sich noch am besten erkennen, wozu ein Nervensystem da ist. Die haben nämlich außer ihren Tentakeln, dem Fuß und der Mundöffnung nur eine Außenhaut (Ektoderm) und eine Innenhaut (Endoderm). Und dazwischen gibt es aus dem Ektoderm eingewanderte Zellen (Nervenzellen), die mit ihren Fortsätzen Kontakt sowohl zur Außen- wie auch zur Innenwelt (dem Verdauungsschlauch) des Polypen haben. Deshalb bekommen diese Nervenzellen nicht nur mit, was im Polypen innen passiert (wenn er etwa einen Wasserfloh gefressen hat). Sie sind auch ständig auf dem Laufenden, wenn Außen etwas Ungewöhnliches passiert. Und das versetzt sie in die Lage, nach innen zu melden, wenn draußen eine Veränderung auftritt, und den Zellen der Außenhaut zu signalisieren, wenn es innen zu »Verdauungsstörungen« kommt. Sie verbinden also Innenwelt und Außenwelt und leiten Informationen von innen nach außen und von außen nach innen weiter. So wird es möglich, dass der Polyp mit seinen zwei Zellschichten als Ganzes reagieren kann, wenn es innen oder außen zu wichtigen Veränderungen kommt. Das ist die Aufgabe eines jeden Nervensystems: dafür zu sorgen, dass der Organismus auf innere oder äußere Störungen reagieren – und damit am Leben bleiben – kann.

Aber sesshaft wie die Polypen zu sein, schränkt die Möglichkeiten eines Lebewesens ziemlich ein. Und da es in dem fortwährenden Prozess der Evolution immer um die Erweiterung des Möglichkeitsraums geht – weil all jene Arten, die über ein größeres Spektrum von Optionen für die eigene Lebensgestaltung verfügen, sich auch immer wieder neue Räume erschließen konnten, in denen ihr Überleben und ihre Reproduktion gesichert waren –, ist die selbstgesteuerte Fortbewegung dann auch von den ersten Tieren erfunden worden. Nun gab es ein Vorn und ein Hinten. Und weil vorn die entscheidenden Dinge passierten, war es nur noch eine Frage der Zeit, bis dann auch das Nervensystem so herausgeformt wurde, dass vorn die dichtesten Vernetzungen zur Verarbeitung von Signalen aus der Außenwelt entstanden sind. Vorder- oder Ober- und Unterschlundganglion nennen die Biologen diesen Bereich, der sich dann weiter vergrößerte, in verschiedene Abschnitte untergliederte und zu dem wurde, was wir bei den sich später entwickelnden Tieren und bei uns selbst als Gehirn bezeichnen.

Dorthin werden die von den Sinnesorganen, von der Körperoberfläche, von den verschiedenen Körperorganen und der inneren

Oberfläche (dem Verdauungstrakt) über Nervenfortsätze eintreffenden Signale weitergeleitet. Dort werden sie miteinander verknüpft, abgeglichen und aufeinander abgestimmt, sodass schließlich die daraus im Gehirn entstandenen Signalmuster wieder über entsprechende Nervenbahnen zu den inneren Organen, insbesondere den Körpermuskeln, zurückgeleitet werden und im Körper entsprechende Antworten und Reaktionen auslösen können.

Und wo so viel miteinander verbunden ist und aufeinander abgestimmt wird, ist das Ausmaß an neuronaler Vernetzung, auch an neuronalen Vernetzungsmöglichkeiten natürlich besonders groß. Und wo so viele erregbare Zellen so intensiv miteinander, mit der Außenwelt und der Innenwelt in einer engeren Beziehung stehen und einander ständig wechselseitig beeinflussen, öffnet sich ein enormer Möglichkeitsraum für alle nur denkbaren Lernprozesse.

Zunächst, also beispielsweise auf der Stufe der Fadenwürmer, waren die Anzahl und die Art der Verknüpfung der Nervenzellen in diesem Vorderganglion noch weitgehend durch die genetischen Anlagen festgelegt. Hier beschränkten sich die Lernmöglichkeiten auf einfache biochemische Bahnungsprozesse – also auf Veränderungen der Aktivität von Enzymen, die an der Bereitstellung, Ausschüttung und dem Abbau von synaptischen Botenstoffen beteiligt sind – oder auf Veränderungen auf der Ebene von Rezeptoren im Dienst der synaptischen Signalübertragung. Eine strukturelle Verankerung von Lernerfahrungen durch die Erweiterung, Überformung oder Reorganisation neuronaler Verschaltungsmuster wurde erst möglich, als sich die für die Herausbildung des Gehirns verantwortlichen starren genetischen Anlagen allmählich zu öffnen begannen, als diese Programme dazu führten, dass zunächst ein Überschuss an Nervenzellen und neuronalen Vernetzungsoptionen im sich entwickelnden Gehirn herausgebildet wurde und bestimmte Nervenzellen sogar zeitlebens ihre Teilungsfähigkeit und ihre Fähigkeit zur Neubildung von Fortsätzen und synaptischen Verknüpfungen behielten.

Jetzt, also auf der Stufe der Herausbildung formbarer Gehirne, war es möglich, eigene Lernerfahrungen auch strukturell im Gehirn zu verankern. Jetzt waren Lernprozesse nicht mehr länger auf die Ebenen der Genexpression, der vermehrten oder verminderten Bereitstellung bestimmter Enzym-, Struktur- oder Rezeptorproteine oder deren posttranslationale Modifikation beschränkt. Jetzt konnten neuronale Netzwerke und synaptische Verschaltungsmuster strukturell verändert und Lernerfahrungen auf diese Weise nachhaltig im Gehirn verankert werden. Das Möglichkeitsspektrum für derartige Lernerfahrungen war bei all jenen Tieren besonders groß, die besonders vielfältige, intensive und nachhaltige Beziehungen mit den Phänomenen ihrer Außenwelt eingehen und mit den Gegebenheiten ihrer Innenwelt verknüpfen mussten. Und das waren wiederum diejenigen, die im Verlauf ihrer Hirnentwicklung ein besonders reichhaltiges Angebot an Verknüpfungsmöglichkeiten aufbauen konnten. Entscheidend dafür war aber nun nicht mehr der von den genetischen Anlagen gesteuerte Umfang an Vernetzungsoptionen. Entscheidend dafür war nun – und damit sind wir bei unserem menschlichen Gehirn angekommen – wie viel von diesem Angebot an Verknüpfungsmöglichkeiten tatsächlich als funktionelle Verschaltungsmuster stabilisiert werden konnte. Mit anderen Worten: Je reichhaltiger das Spektrum der Wahrnehmungen, Eindrücke, Denk- und Handlungsmuster ist, das ein Kind beim Heranwachsen kennenlernen darf, je vielfältiger und intensiver die Beziehungen sind, die es zu den Phänomenen seiner Lebenswelt, zu anderen Personen und anderen Lebewesen einzugehen in der Lage ist, und je vielfältiger die Gelegenheiten sind, die es zum eigenen Entdecken und Erkunden und zum spielerischen Erproben seiner eigenen Gestaltungsmöglichkeiten findet, desto komplexer werden die Verschaltungsmuster, die es in seinem Gehirn stabilisieren kann.

Wenn also ein Mensch, schon als Kind oder später als heranwachsende oder erwachsene Person seine Möglichkeiten zur

Herausbildung und Stabilisierung möglichst komplexer und vielfältiger Vernetzungen der Nervenzellen in seinem Gehirn nicht in vollem Umfang nutzen kann – und dafür keine ungünstigen körperlichen Voraussetzungen verantwortlich sind – so liegt das nicht am Gehirn, sondern an den unzureichend komplexen oder entmutigenden Erfahrungen, die diese Person in ihren Beziehungen zu anderen Personen nur machen konnte oder zu machen gezwungen war.

These 2

Lernen ist ein
sich selbst organisierender Prozess
zur Wiederherstellung von Kohärenz

Was Lebewesen gegenüber allen nicht lebendigen Gebilden auszeichnet, ist ihre Fähigkeit, durch Veränderungen in ihrer Außenwelt ausgelöste Störungen ihrer inneren Ordnung durch die Aktivierung bestimmter in ihrem Inneren angelegter Reaktionsmuster wieder auszugleichen. Dabei handelt es sich um eine eigene, von dem jeweiligen Lebewesen selbst erbrachte Leistung. Indem es versucht, am Leben zu bleiben, erzeugt jedes Lebewesen bestimmte Wirkungen in Form charakteristischer Veränderungen seiner Außenwelt. Dadurch kommt es zu erneuten Störungen seines inneren Beziehungsgefüges, auf die das betreffende Lebewesen nun mit einer erneuten Aktivierung bestimmter innerer Reaktionsmuster zur Wiederherstellung seiner Kohärenz antwortet usw.

Die damit einhergehende wiederholte Aktivierung bestimmter innerer Reaktionsmuster hat zur Folge, dass diese im Rahmen der jeweiligen Möglichkeiten gebahnt, erweitert und damit zunehmend leichter aktivierbar und effizienter wirksam werden. Das ursprüngliche innere Beziehungsgefüge hat sich dann in einer bestimmten Weise verändert. Das betreffende Lebewesen hat also etwas hinzugelernt.

Der Auslöser für diesen Lernprozess war zwar eine in seiner Lebenswelt aufgetretene Veränderung, aber ohne die dadurch in seinem inneren Beziehungsgefüge entstandene Störung wäre der entsprechende Lernprozess nicht in Gang gekommen. Jede Störung des Zusammenwirkens der im Inneren eines Lebewesens angelegten, voneinander abhängigen und miteinander verbundenen Reaktions- und Beziehungsmuster geht mit einem erhöhten Energieverbrauch einher. Letztendlich ist also das durch diesen angestiegenen Verbrauch entstandene Energiedefizit der eigentliche Auslöser für den betreffenden Lernprozess. Diesen in seinem Inneren aufgetretenen Energiemangel muss das Lebewesen irgendwie ausgleichen. Im Fall einzelner Zellen kommt es durch die verringerte Effizienz energieabhängiger Ionentransportprozesse u. a. zu einer erhöhten intrazellulären Akkumulation von Ca^{++}-Ionen.

Die daraus resultierende Aktivierung Ca++-abhängiger enzymatischer Reaktionen hat eine ganze Reihe grundsätzlicher Veränderungen bisheriger Zellfunktionen zur Folge, die alle mit einem vermehrten Energieverbrauch einhergehen. Findet die betreffende Zelle eine Lösung zur Verringerung dieses erhöhten intrazellulären Ca++-Spiegels, z. B. durch eine vermehrte Expression Ca++-bindender Proteine, bleibt sie am Leben und hat etwas hinzugelernt: Die vermehrte Bereitstellung Ca++-bindender Eiweiße hat sich als eine geeignete Reaktion auf die eingetretene Veränderung ihrer Außenwelt und die dadurch ausgelöste Störung ihres inneren Beziehungsgefüges erwiesen. Solange die äußere Veränderung fortbesteht, bleibt die Expression Ca++-bindender Eiweiße weiter erhöht. Die Zelle hat einen Weg gefunden, um die aufgetretene Störung ihrer Kohärenz auszugleichen und den damit einhergehenden vermehrten Energieverbrauch wieder zu normalisieren.

Auf prinzipiell ähnliche Weise reagieren auch Vielzeller auf Störungen ihres inneren Beziehungsgefüges. Sie äußern sich bei ihnen allerdings zunächst als eine Störung des Zusammenwirkens bestimmter Zellgruppen. Ein einfaches Beispiel dafür sind Pflanzen, die von Schädlingen befallen werden. Die dadurch verursachten ständigen Verwundungen führen zu zunehmenden Störungen des Stoffwechsels und des Zusammenwirkens der davon betroffenen Zellen. Manche Pflanzen, z. B. Akazien in der afrikanischen Savanne, reagieren auf einen zu starken Verbiss durch Giraffen mit einer vermehrten Bildung und Einlagerung von Bitterstoffen in ihren Blättern, mit der Folge, dass sie nun den Giraffen nicht mehr schmecken und deshalb nicht mehr gefressen werden. Auch das ist das Ergebnis eines Lernprozesses.

Besonders gut untersucht sind Lernprozesse bei all jenen Vielzellern, die über ein Nervensystem und ein Gehirn verfügen. Hier sind die Nervenzellen zu Spezialisten für die Wahrnehmung von Veränderungen im Außen wie auch innerhalb des Körpers geworden. Über ihre Verknüpfungen können sie diese Veränderungen in Form charakteristischer Signalmuster weiterleiten und im Gehirn untereinander bestimmte Beziehungsmuster herausbilden, die ein entsprechendes Erregungsmuster erzeugen, das anschließend über Nervenbahnen zu den jeweiligen Körperzellen weitergeleitet wird und dort ein bestimmtes Reaktionsmuster auslöst. Gelernt werden kann aber auch mit Hilfe eines Nervensystems und eines Gehirns nur dann etwas, wenn es zu einer anhaltenden Störung der von den Nervenzellen bisher entwickelten Beziehungsmuster kommt. Auch hier ist der eigentliche Auslöser eines Lernprozesses der durch diese Störung des bisherigen Beziehungsgefüges verursachte erhöhte Energiebedarf, also eine Verknappung der Energieversorgung der betreffenden Nervenzellen und die daraus resultierende Veränderung des intrazellulären Ionenhaushaltes. Auch hier führt der Anstieg des Ca++-Spiegels zu nachhaltigen Veränderungen in den betreffenden Nervenzellen. Aber weitaus besser als andere Körperzellen sind Nervenzellen in der Lage, solche Veränderungen ihres Ionenhaushaltes auf andere Nervenzellen zu übertragen. Bei denen werden dadurch entsprechende Veränderungen ausgelöst und auf diese Weise kann eine Störung durch eine konzertierte Aktion miteinander vernetzter Nervenzellen beantwortet werden. Es kommt also zunächst zur Ausbildung eines charakteristischen Erregungsmusters, und anschließend zu dessen Weiterleitung und Umsetzung in Form eines entsprechenden Reaktionsmusters. Je besser das klappt, desto effektiver wird die anfangs eingetretene äußere oder innere Veränderung ausgeglichen. Und besser klappt es immer dann, wenn die dabei aktivierten Erregungsmuster auch als neue Verknüpfungsmuster der betreffenden Nervenzellgruppen strukturell verankert werden.

Auf der phänomenologischen Ebene lässt sich ein solcher Lernprozess beispielsweise beim Erlernen des Autofahrens verfolgen. Am Anfang ist alles neu, der Fahrschüler muss auf jeden Handgriff achten, bekommt womöglich sogar Kopfschmerzen und ist anfangs nach jeder Fahrstunde ziemlich erschöpft. Das ist Ausdruck des durch die anfänglich im Gehirn entstandene Übererregung und des damit einhergehenden erhöhten Energieverbrauches. Anschließend stabilisieren sich die neuen Erregungs- und Reaktionsmuster im Verlauf jeder Fahrstunde zunehmend besser und verbrauchen nun kaum noch zusätzliche Energie. Das Gehirn hat seine Kohärenz wiedergefunden. Die betreffende Person hat etwas hinzugelernt. Was anfangs noch irritierend und ermüdend war, macht nun zunehmend mehr Freude und funktioniert schließlich von ganz allein.

Auch für alle in sozialen Gemeinschaften ablaufenden Lernprozesse lässt sich das gleiche zugrundeliegende Prinzip beobachten: Solange in einer Gemeinschaft – sei es ein Ameisenstaat, eine Elefantenherde oder eine menschlichen Familie – das Zusammenwirken der Mitglieder optimal funktioniert, ist alles gut. Dann bleibt die betreffende Gemeinschaft so, wie sie bisher war. Aber sobald eine Veränderung eintritt, die das bisherige Zusammenleben nachhaltig stört, kommt es zu zunehmenden Irritationen und Missverständnissen unter den Mitgliedern. Der Energieverbrauch steigt rapide an, den Mitgliedern geht es immer schlechter und die betreffende Gemeinschaft droht zu zerfallen.

Im Fall des Ameisenstaates kann solch eine Situation eintreten, wenn sein bisheriger Lebensraum durch die Aktivitäten anderer zerstört, also ein Wald beispielsweise abgeholzt wird. Die betreffende Gemeinschaft kann dann nur abwandern und lernen, in einem anderen Umfeld wieder neu anzufangen.

Im Fall der Elefantenherde könnte ein unüberwindbares Hindernis ihre bisherigen Wanderrouten verstellen. Sie müsste dann einen anderen Weg für ihre jährlichen Wanderungen finden und lernen, ihn zu nutzen.

Und in die menschliche Familie könnte ein Kind mit einer schwerwiegenden Behinderung hineingeboren werden. Nach anfänglichen Irritationen und Störungen des Familienklimas könnte diese Familie lernen, die damit verbundenen Herausforderungen gemeinsam zu bewältigen.

These 3

Lernen führt über
die Herausbildung
labiler Beziehungsmuster
zur Ausformung
stabiler Beziehungsstrukturen

Ein Lernprozess kann nur dann in Gang kommen, wenn es einen Auslöser gibt, der ihn aktiviert. So unterschiedlich diese Auslöser im Einzelfall auch sein mögen, ihr gemeinsames Merkmal ist eine Störung der bisher vorhandenen inneren Ordnung des betreffenden Lebewesens bzw. lebenden Systems. Diese Störung muss so stark sein, dass sie nicht oder noch nicht effizient genug durch den Rückgriff auf bereits vorhandene, entweder von Anfang an angelegte oder durch vorangegangene Lernprozesse erworbene Reaktionsmuster ausgeglichen werden kann. Der betreffende Auslöser muss also einen bisher erreichten und aufrechterhaltenen Zustand von Kohärenz inkohärenter machen, muss dazu führen, dass etwas, was vorher noch einigermaßen gepasst hat, nun nicht mehr passt. Diese Inkohärenz wird dann durch das in einem eigenen Lernprozess erworbene Reaktionsmuster (z. B. neues Wissen, erweitertes Können) – wieder passender, kohärenter gemacht. Das betreffende lebende System ist dann allerdings nicht mehr so, wie es vorher war. Es hat etwas hinzugelernt, hat eine bereits vorhandene Fähigkeit weiter ausgebaut oder eine neue Fähigkeit entwickelt. Das Spektrum der Möglichkeiten zur Weiterentwicklung bereits vorhandener oder zur Herausbildung neuer Reaktionsmuster ist bei den unterschiedlichen Lebewesen bzw. lebenden Systemen mehr oder weniger gut ausgeprägt.

Schon Einzeller können auf eine andauernde Kohärenzstörung mit einer vermehrten Bereitstellung bestimmter Struktur- oder Enzymproteine durch Induktion entsprechender Gene und eine verstärkte Expression der von ihnen codierten Eiweiße reagieren. Die damit einhergehenden und dadurch ausgelösten funktionellen oder strukturellen Veränderungen werden anschließend so lange aktiv aufrechterhalten, wie die Störung andauert. Anschließend, also mit einer gewissen zeitlichen Verzögerung, bilden sie sich allmählich zurück. Die häufigsten Auslöser für solche zellulären Lernprozesse sind Veränderungen in der bisherigen Lebenswelt der betreffenden Zellen (Nahrungsangebot, Temperatur, Feuchtigkeit etc.). Aber bereits auf der Stufe der Einzeller lassen sich Lernprozesse beobachten, die durch Veränderungen im Inneren der betreffenden Zellen ausgelöst werden. Sie sind dadurch gekennzeichnet, dass sie aktive Suchbewegungen der betreffenden Zelle zum Stillen eines »Bedürfnisses« auslösen (vergleichbar mit dem, was wir bei uns Hunger, Durst, Frieren, Schwitzen etc. nennen). Bei freilebenden Einzellern wie Amöben oder Wimperntierchen sind solche »Suchbewegungen« sogar recht gut beobachtbar. Falls diese Einzeller in eine Lebenswelt geraten, die sie fortgesetzt zur Aktivierung derartiger Suchbewegungen zwingt (um ein in dieser Lebenswelt immer wieder entstehendes »Bedürfnis« zu stillen), werden alle an diesen Suchbewegungen beteiligten zellulären Mechanismen und Strukturen zunehmend besser ausgebaut. Dann hat auch dieser Einzeller etwas hinzugelernt, was er in einer für ihn »bedürfnisgerechteren« (einem Schlaraffenland ähnlicheren) Lebenswelt nicht gelernt hätte. Und ebenso wie wir können auch schon Einzeller lernen, bestimmte Aktivitäten zu unterdrücken, die ihnen schaden, also beispielsweise die Aufnahme von Nahrungsbrocken, wenn sich diese in vorangegangenen Versuchen als unverträglich erwiesen haben.

Einen besonders interessanten Lernprozess durchlaufen die Zellen von vielzelligen Organismen auf ihrem Entwicklungsweg von den noch omnipotenten Stammzellen des undifferenzierten embryonalen Anfangsstadiums zu ihren späteren ausdifferenzierten Formen, z. B. als Leber-, Bindegewebs-, Haut- oder Nervenzellen. Der »Lebensraum«, d. h. die Bedingungen, in die diese Zellen im Verlauf der Embryonalentwicklung in den verschiedenen Bereichen des embryonalen Zellverbandes hineingeraten, wird hier primär von anderen Zellen, ihren Stoffwechselaktivitäten, den von ihnen erzeugten Metaboliten und Signalstoffen etc. gestaltet. Auf die damit einhergehenden Veränderungen ihrer Kohärenz reagieren die jeweiligen Zellen mit zunehmend spezifischer und damit auch effizienter werdenden Antworten. So erzeugen sie ihrerseits wieder charakteristische Veränderungen der Lebensbedingungen anderer Zellen, auf die diese dann ihrerseits mit bestimmten Antworten reagieren. Die im Verlauf dieses Prozesses stattfindenden Veränderungen des äußeren Milieus werden für die in verschiedene Bereiche des sich entwickelnden Embryos gelangten oder abgedrängten Zellen zunehmend spezifischer und führen zu immer differenzierteren Antworten. Zwangsläufig wird dabei das anfänglich noch sehr vielfältige Repertoire von Reaktionsmuster der sich in solche Bedingungen hinein entwickelnden Zellen zunehmend eingeschränkt. Manches, was diesen Zellen vorher noch möglich war, geht nun nicht mehr. Die dafür zuständigen genetischen Sequenzen werden blockiert und können nicht mehr exprimiert werden.

Aus dem, was die Ursprungszellen noch alles konnten, hat sich dann ein hoch differenziertes, spezifisches Reaktionsmuster herausentwickelt, die betreffenden Zellen haben auf diese Weise »gelernt«, beispielsweise eine Leber,- Bindegewebs,- Haut- oder Nervenzelle zu sein. Vergleichbar mit dem, was auch in einer arbeitsteiligen Gesellschaft mit deren Mitgliedern geschieht, sind nun einzelne Zellgruppen zu Spezialisten oder Experten für bestimmte Aufgabenbereiche geworden. Funktionieren kann das Ganze hier wie dort allerdings nur, wenn diese Spezialisten eng miteinander verbunden sind, aufeinander eingehen und zusammenwirken. Nur so können künftige, die Kohärenz des Gesamtorganismus störende Einflüsse in einer konzertierten Aktion beantwortet werden. Aber auch das muss gelernt werden. In zwei Bereichen bleibt die dafür erforderliche Lernfähigkeit der Zellen zeitlebens am leichtesten beobachtbar: im Immunsystem und im Nervensystem.

Im Gehirn lässt sich besonders gut verfolgen, wie Lernprozesse zunächst auf der Ebene der dabei aktivierten Nervenzellen und

Synapsen ablaufen und wie sie langfristig in Form charakteristischer Verschaltungsmuster, die sich zwischen den Nervenzellen und ihren Verknüpfungen ausbilden, strukturell verankert werden. Immer muss sich auch hier als Auslöser eines Lernprozesses etwas Neuartiges entweder von außen aufdrängen (und als neue Anforderung, als Problem, als Gefahr etc. eine Inkohärenz erzeugen) oder aus einem inneren Bedürfnis (einer im Organismus entstandene Inkohärenz) entstehen. In beiden Fällen wird die Aufmerksamkeit auf ein bestimmtes wahrgenommenes Phänomen gelenkt und eine Beziehung zu diesem Phänomen hergestellt. Die betreffende Person öffnet sich so für einen Lernprozess – im ersten Fall, weil sie muss und angesichts der Wirkkraft dieses Neuen gar nicht anders kann, im letzteren Fall, weil sie es – aus einem eigenen Bedürfnis heraus – will.

Indem eine Person aus dem einen oder anderen Grund eine Beziehung zu einem Phänomen herstellt, entsteht über dessen sinnliche Wahrnehmung eine Erregung, die über entsprechende Nervenbahnen zu bestimmten Nervenzellgruppen im Gehirn weitergeleitet wird und dort ein charakteristisches Erregungsmuster auf der Ebene der aktivierten neuronalen Netzwerke auslöst. Dadurch kommt es bei einigen der in ein derartiges Netzwerk eingebundenen Synapsen zu einer verstärkten Signalübertragung, bei anderen zu einer Hemmung. Bleibt die Aufmerksamkeit für einen gewissen Zeitraum auf die betreffende Wahrnehmung fokussiert, passt sich die Erregbarkeit der dabei aktivierten Verknüpfungen an das in diesem synaptischen Netzwerk entstandene Muster von Erregung und Hemmung an. Es kommt zu molekularen Veränderungen der Signaldurchlässigkeit auf der Rezeptorebene der daran beteiligten Synapsen, die auch noch für eine gewisse Zeit nach Beendigung der Aktivierung dieses Netzwerkes anhält. Neurowissenschaftler bezeichnen diese Veränderung deshalb als *long-term potentiation* bzw. *long-term inhibition*. Solange sie anhält, bleibt das betreffende, durch diese neue Wahrnehmung entstandene Erregungsmuster weiterhin in einem aktivierten Zustand, obwohl es nun nicht mehr durch die sinnliche Wahrnehmung des betreffenden Phänomens aufrechterhalten wird. Die betreffende Person kann sich deshalb noch eine Zeit lang daran erinnern, hat also – zumindest kurzzeitig – etwas gelernt.

Interessanter und nachhaltiger wirksam sind all jene Lernprozesse, bei denen es nicht nur zur Entstehung eines noch für gewisse Zeit fortbestehenden und in diesem Zeitraum auch besonders leicht erneut aktivierbaren synaptischen Erregungsmusters kommt. Das ist immer dann der Fall, wenn ein derartiges neues Erregungsmuster auch strukturell in Form eines neuartigen synaptischen Verknüpfungsmusters verankert werden kann. Dann genügt später ein kleiner Erinnerungszipfel oder die Wahrnehmung eines bestimmten Teilaspekts, um das gesamte komplexe Netzwerk zu reaktivieren und damit die einmal gemachte und strukturell verankerte Lernerfahrung erneut in Erinnerung zu rufen. Um solche strukturellen neuroplastischen Umbauprozesse in Gang zu bringen, bedarf es allerdings etwas mehr als ein bloßes oder auch wiederholtes Sich-in-Beziehung-Setzens mit einem sinnlich wahrnehmbaren Phänomen. Dazu muss die betreffende Wahrnehmung mit einer gleichzeitigen Aktivierung der für emotionale Erregungen zuständigen Bereiche in den tiefer liegenden Strukturen des Gehirns einhergehen. Die Wahrnehmung, das Erlebte, der Lerninhalt muss für diese Person wirklich wichtig, also subjektiv bedeutsam sein. Nur dann geht es ihr »unter die Haut« und nur dann werden die entsprechenden emotionalen Bereiche im Mittelhirn aktiviert. Nur dann schütten die dort liegenden Nervenzellen an den Enden ihrer langen und vielfach verzweigten, in alle Hirnbereiche ziehenden Fortsätze ihre speziellen Botenstoffe aus, die zu einer vermehrten Freisetzung so genannter neuroplastischer Wachstumsfaktoren führen. Und die werden für alle strukturellen Umbauprozesse gebraucht. Über die Aktivierung entsprechender Rezeptoren lösen sie eine intrazelluläre Signaltransduktionskaskade in den betreffenden Nervenzellen aus, die bis in deren Zellkerne reicht und dort zur vermehrten Abschreibung all jener Gensequenzen und einer dadurch ausgelösten vermehrten Produktion all jener Struktur- und Enzymproteine führt, die für strukturelle Umbauprozesse neuronaler Netzwerke, für das Auswachsen neuer Fortsätze, für die Neubildung und die Stabilisierung synaptischer Verknüpfungen gebraucht werden. Deshalb kann ein Lerninhalt nur dann strukturell und damit auch nachhaltig im Gehirn verankert werden, wenn er für die betreffende Person wirklich wichtig ist, wenn er von ihr selbst als bedeutsam bewertet wird.

Und wichtiger als eine anfänglich aufgetretene Inkohärenz sind die Reaktionsmuster, die Lösungen, die wir finden, um eine derartige Störung wieder auszugleichen. Über die freuen wir uns, darüber können wir uns sogar bisweilen begeistern und die führen zur Aktivierung dieser emotionalen Zentren und zur Freisetzung dieser neuroplastischen Botenstoffe und zur strukturellen Verankerung der entsprechenden Lernerfahrung. Und wenn ein einmal entstandenes und auf diese Weise in Form spezifischer Netzwerkstrukturen verankertes Denk-, Fühl- oder Handlungsmuster immer wieder mit großer Begeisterung aktiviert wird, entstehen – bildlich ausgedrückt – im Gehirn aus anfänglich herausgebildeten Wegen allmählich Straßen und womöglich sogar Autobahnen. Über die kann die betreffende Bewältigungsstrategie immer besser und schließlich sogar fast automatisch abgerufen werden. Allerdings auf Kosten der vielen kleinen Nebenstrecken, die nun kaum noch befahren werden. Dann hat sich die betreffende Person in einem bestimmten Denk- oder Verhaltensmuster festgerannt, aus dem sie später nur schwer, nur durch eine neue, andere Lernerfahrung herausfindet.

Wie bereits angedeutet, finden solche Lernprozesse in prinzipiell ähnlicher Weise auch in sozialen Systemen, etwa in einer menschlichen Gemeinschaft statt.

Die Entwicklung einer Stadt ist ein dafür besonders anschauliches Beispiel. Der Auslöser für eine strukturelle Reorganisation kann hier ebenfalls eine äußere Einwirkung – Zerstörung einzelner Stadtteile durch Krieg oder Naturkatastrophen – oder ein inneres Bedürfnis – beschränkte Einkaufsmöglichkeiten, schlechte Verkehrsanbindung, Mangel an kulturellen Angeboten etc. – sein. Durch Wiederaufbau, Neu- und Umgestaltung werden neue Gegebenheiten geschaffen – es entsteht ein neues Beziehungsmuster. Als Folge dieser neuen Gegebenheiten werden dann auch dazu passende neue Straßen gebaut, neue Verbindungswege erschlossen, neue Kommunikations- und Versorgungsmöglichkeiten geschaffen. Je intensiver diese neuen, effektiveren und bequemeren Verbindungen von vielen Bürgern genutzt werden, desto intensiver werden sie ausgebaut. Wenn sich nach einigen Jahren dann die Bedürfnisse der Bürger verändern, wenn ihnen nun vor allem Fußgängerzonen und Parkanlagen wünschenswert erscheinen, stehen die alten Strukturen den neuen Erfordernissen allzu leicht im Wege.

These 4

Gelernt werden kann nur das,
was für ein Lebewesen
bedeutsam ist

Alle Lebewesen sind in der Lage, etwas zu lernen. Aber ein Lebewesen muss freilich nicht alles lernen können, sondern nur das, worauf es in seiner jeweiligen Lebenswelt für sein Wohlergehen und die Sicherung seiner Nachkommenschaft ankommt. Es muss auf irgendeine Weise wahrnehmen können, wenn sich in seiner Außenwelt oder in seiner Innenwelt etwas verändert, etwas nicht mehr so recht passt, eine Inkohärenz entstanden ist, etwas also nicht mehr so ist, wie es sein müsste, damit es ihm gut geht. Und es muss in der Lage sein, ein geeignetes Reaktionsmuster zu finden, einzusetzen und zu stabilisieren, es nach Möglichkeit auch strukturell zu verankern, um eine Störung seiner inneren Organisation auch dann ausgleichen zu können, wenn der Auslöser dieser Störung – also beispielsweise die eingetretene Veränderung seiner bisherigen Lebenswelt – über längere Zeit fortbesteht. Gelingt ihm das, bleibt es am Leben, gelingt ihm das nicht, stirbt es. Wer also heute noch lebt, muss dazu bisher in der Lage gewesen sein. Alle anderen sind ausgestorben.

Obwohl wir es nicht immer in seinen feinsten Ausprägungen erkennen können, bleibt doch kein Lebewesen zeitlebens so, wie es war, als es auf die Welt gekommen oder – im Fall der Einzeller durch eine Teilung seiner Mutterzellen – als Tochterzelle entstanden ist. Es bildet im Lauf seines Lebens immer irgendwelche Fähigkeiten heraus, die in dieser Weise anfänglich noch nicht ausgebildet waren. Bei Einzellern mag das nur schwer erkennbar sein, bei Vielzellern, etwa einem Baum oder einem Menschen, ist es offensichtlich und auf der Ebene sozialer Systeme, beispielsweise einer menschlichen Gemeinschaft, sind diese Veränderungen bisweilen sehr dramatisch, vollziehen sich aber meist über lange Zeiträume und über mehrere Generationen hinweg, sodass wir sie allzu leicht übersehen. Aber bei all diesen, im Verlauf der Entwicklung einer Zelle, eines Organismus oder eines sozialen Systems stattfindenden Veränderungen handelt es sich um das Ergebnis von Lernprozessen.

Ein Lebewesen, das immer so bleiben würde, wie es anfangs war, kann nur dort überleben, wo seine Lebenswelt sich nicht mehr verändert. Eine solche konstant bleibende Lebenswelt gibt es allerdings nicht.

Denn allein dadurch, dass ein Lebewesen lebt, erzeugt es auch spezifische Aktivitäten und Wirkungen und verändert dadurch bereits selbst seine eigene Lebenswelt. Und weil es immer inmitten anderer Lebewesen lebt, die auch lebendig sind und bestimmte Wirkungen erzeugen, kann es keine dauerhaft gleich bleibenden Lebensbedingungen geben. Deshalb muss sich jedes Lebewesen im Verlauf seines Lebens auch verändern. Und das kann es nur, indem es etwas hinzulernt.

Deshalb geht es auch gar nicht um die Frage, ob einzelne Zellen, vielzellige Organismen oder aus vielen Einzelindividuen bestehende soziale Systeme etwas lernen können, sondern darum, was sie zu lernen imstande sind. Und das ist eben im Einzelfall und auf den verschiedenen Ebenen der Organisation lebender Systeme sehr unterschiedlich, einfach deshalb, weil es für jede Zelle, jeden Organismus, jedes soziale System auf etwas anderes ankommt. Die wirklich interessante Frage lautet also: Wer oder was bestimmt darüber oder ist ausschlaggebend dafür, was von einem Lebewesen gelernt wird? Eine beliebige Veränderung der äußeren Welt kann es nicht sein. Wenn sie nicht ins Innere des betreffenden Lebewesens vorzudringen und dort eine Störung seiner bisher aufrechterhaltenen inneren Ordnung, seiner Kohärenz, auszulösen vermag, kann alles so bleiben wie es ist, dann muss auch nichts gelernt werden. Die Veränderung im Außen muss also zu einer spürbaren Störung im Innen führen oder ohne äußeren Grund im Inneren entstehen. Und die so entstandene Inkohärenz darf nicht durch ein bereits angelegtes und effektiv funktionierendes Reaktionsmuster, also einen Automatismus, einen Reflex oder eine Routinereaktion – oder auf zellulärer Ebene durch eine effizient funktionierende zelluläre Antwort – ausgleichbar oder beseitigbar sein. Die innere Störung muss also für eine gewisse Zeit fortbestehen, muss für das betreffende Lebewesen hinreichende Bedeutsamkeit gewinnen. Eine Veränderung im Außen, die im Innen nichts bewirkt, oder eine Veränderung im Innen, der mit einer bereits vorhandenen und hinreichend effizienten Reaktion begegnet werden kann, bleibt für eine Zelle gleichermaßen bedeutungslos wie für einen Organismus oder ein soziales System. Dann passiert entweder nichts oder nur das, was dann immer und ganz automatisch passiert.

Bedeutsam für ein Lebewesen ist also nur das, was es daran hindert, so zu bleiben, wie es ist. Eine eigene Weiterentwicklung, eine Erweiterung oder Vervollkommung des bisherigen Wissens und Könnens, der bisher herausgebildeten Reaktions- und Antwortmuster wird deshalb auch nicht dadurch ausgelöst, dass in der äußeren Welt eine Veränderung auftritt, sondern dadurch, dass sich im Inneren, in der inneren Ordnung des betreffenden Lebewesens etwas verändert, das mit den bis dahin entwickelten Reaktions- und Antwortmustern nicht oder nur unzureichend wieder ausgeglichen werden kann. Es ist also nicht das von einem Lebewesen wahrgenommene Phänomen, sondern die durch diese Wahrnehmung in seinem Inneren ausgelöste Wirkung, die einen entsprechenden Lernprozess in Gang setzt.

Ob und in welchem Umfang eine äußere Veränderung eine derartige Störung der im Inneren eines Lebewesens aufrechterhaltenen Kohärenz auszulösen vermag, ist individuell sehr unterschiedlich. Sogar Zellen ein und desselben Typs, also Einzeller ein und derselben Art ebenso wie die verschiedenen Körperzellen eines vielzelligen Organismus sind in ihrer inneren Organisation individuell mehr oder weniger erschütterbar; genauso wie einzelne Individuen einer bestimmten Art oder soziale Systeme aus unterschiedlichen Kulturkreisen. Immer hängt das Ausmaß der im Inneren ausgelösten Veränderungen davon ab, über welche Reaktions- und Antwortmuster das betreffende Lebewesen bereits verfügt und wie effizient es diese Muster aktivieren und einsetzen kann. Und das wiederum ist abhängig von den jeweiligen Vorerfahrungen, die es bisher bereits bei der Lösung ähnlicher Probleme und Herausforderungen machen und in seinem Inneren als geeignete Antwort- und Reaktionsmuster verankern konnte.

Diese Vorerfahrungen sind also entscheidend dafür, ob eine bestimmte in seiner äußeren Welt oder in seinem Inneren auftretende Veränderung von einem Lebewesen als bedeutsam erlebt und bewertet wird – und ob dadurch ein eigener Lernprozess ausgelöst wird.

Gelernt werden also nicht die Einflüsse oder die Probleme, mit denen eine Zelle, ein Organismus oder ein soziales System konfrontiert ist, sondern die Lösungen, die das betreffende lebende System zur Wiedererlangung seiner inneren Ordnung, seiner Kohärenz findet.

Und da die entscheidenden Lernerfahrungen, die ein Lebewesen dabei macht, strukturell in seiner inneren Organisation verankert werden, entwickeln alle Lebewesen ihre jeweiligen strukturell verankerten Reaktions- und Antwortmuster anhand der von ihnen im Verlauf ihrer bisherigen Entwicklung gefundenen Lösungen. Diese von ihnen gefundenen Lösungen sind bedeutsam. Nicht objektiv und gleichermaßen wichtig für alle, sondern immer nur für das betreffende Lebewesen. Deshalb sind alle Lernprozesse durch die subjektive Zuschreibung von Bedeutsamkeit gekennzeichnet. Und deshalb kann auch nichts gelernt werden, was für ein Lebewesen bedeutungslos ist.

These 5

Lernen ist ein auf vorangegangenen Lernerfahrungen aufbauender Prozess

Wenn die innere Organisation eines Lebewesens so beschaffen wäre, dass sich die dort bereits ausgebildeten Beziehungen zwischen einzelnen Komponenten weder erweitern noch auf eine neue Weise zusammenfügen ließen, könnte es auch nichts lernen. Aber dann bräuchte es auch nichts mehr zu lernen, denn dann wäre es totenstarr. Es stünde nicht mehr in einer lebendigen wechselseitigen Beziehung zu anderen Lebewesen, hätte sich abgekapselt, würde selbst nichts verändern und nicht mehr auf von anderen verursachte Veränderungen reagieren können. Manche Lebewesen durchlaufen solche Phasen, aber irgendwann wachen sie wieder auf und erleben, wie sich ihre Lebensbedingungen zwangsläufig durch ihre eigenen Aktivitäten und die Aktivitäten anderer Lebewesen zunehmend verändern. Darauf können sie nur reagieren, indem sie entweder sich selbst verändern oder indem sie Mittel und Wege finden, die von diesen anderen Lebewesen ausgehenden Veränderungen abzuwehren. Gelingen kann ihnen das nur, indem sie auf die ihnen zur Verfügung stehenden Möglichkeiten zurückgreifen, indem sie ausprobieren, was irgendwie funktioniert, und indem sie das so gefundene geeignete Reaktionsmuster in ihrer inneren Organisation stabilisieren.

Das Spektrum dieser, einem Lebewesen zur Verfügung stehenden Möglichkeiten ist sehr unterschiedlich. Einzeller beispielsweise können lediglich die Produktion bestimmter Enzym- und Strukturproteine steigern oder reduzieren oder diese Eiweiße nachfolgend auch noch weiter so verändern, dass sie für bestimmte Leistungen besser nutzbar sind. Möglicherweise können sie auch Mechanismen finden, die einzelne Gensequenzen anfälliger für Mutationen machen. Aber gezielt ihr Genom zu verändern, überschreitet offenbar ihre Möglichkeiten. Dafür sind sie aber in der Lage, einzelne Gene und Genkombinationen durch eine vermehrte oder verminderte Bereitstellung so genannter epigenetischer Faktoren besser oder schlechter abrufbar zu machen. Es wird noch eine ganze Reihe weiterer Möglichkeiten geben, die schon den Einzellern zur Verfügung stehen, die sie miteinander verknüpfen und durch weitere Reaktionen ergänzen können. Auf diese Weise sind sie in der Lage, ziemlich komplexe Reaktionsmuster selbst aufzubauen und – wenn sie sich zur Wiedererlangung ihrer Kohärenz eignen – zu stabilisieren und sie so leichter abrufbar zu machen.

Viele dieser bereits von den Einzellern entwickelten Möglichkeiten zur Erweiterung und Neukombination unterschiedlichster in ihnen ablaufender Prozesse haben die Zellen der heutigen vielzelligen Organismen von diesen übernommen. Sie stehen deshalb auch ihren Keimzellen zur Verfügung, aus denen dann ein neuer Embryo entsteht. Also ist es eigentlich keine allzu große Überraschung, wenn die Biologen – seitdem sie vor einigen Jahren gezielt danach zu suchen begonnen haben – immer mehr Hinweise dafür finden, dass bestimmte Veränderungen der Lebensbedingungen auch bei uns Menschen zur Ausbildung zellulärer Antworten auf der Ebene von Ei- und Samenzellen führen und dass auf diese Weise bestimmte erworbene (erlernte) Eigenschaften an die Nachkommen vererbt werden können.

Was aber vielzellige Organismen gegenüber den Einzellern vor allem auszeichnet, ist der Umstand, dass die unterschiedlich differenzierten Körperzellen ihrer verschiedenen Gewebe und Organe nun auch lernen können, ihr Zusammenwirken und ihre jeweiligen Leistungen oder spezifischen Fähigkeiten zu verstärken oder abzuschwächen, um sich in einer konzertierten Antwort an die jeweiligen Erfordernisse anzupassen.

Die Zellen des Verdauungstraktes und der Leber machen das immer dann, wenn sich die Art der zugeführten Nahrung dauerhaft verändert, beispielsweise im Verlauf der Umstellung der Ernährung von tierischer auf pflanzliche Kost. Das wäre dann der Fall, wenn ein Mensch zum Vegetarier wird. Wenn eine Person sehr viel barfuß läuft, lernen die Ektodermalzellen der Fußsohlen zunehmend besser, sich in das zu verwandeln, was wir Hornhaut nennen. Hautzellen bilden vermehrt Melaninpigmente, je häufiger sie der UV-Strahlung ausgesetzt sind und Haarwurzelzellen produzieren ein längeres und dichteres Fell, wenn es zu kalt wird. Bäume lernen im Verlauf ihres Wachstums ihre Astbildung so auszurichten, dass sie dem Wind möglichst wenig Widerstand bieten. Oder, wenn sie kaum Nährstoffe finden, auch noch als Bonsai-Miniversionen zu überleben.

Das Spektrum solcher Leistungen, die von Vielzellern im Verlauf ihrer Individualentwicklung durch erlernte Reaktionsmuster ihrer Zellen und deren Zusammenwirken hervorgebracht werden kann, ist unüberschaubar groß. Mit der Herausbildung eines Nervensystems und schließlich auch des Gehirns wird es dann auf dem Entwicklungsweg der Tiere bis hin zu uns Menschen noch einmal um eine zusätzliche Dimension erweitert. Über Sinneszellen und Sinnesorgane können nun Veränderungen im eigenen Körper und in der Außenwelt wahrgenommen werden, bevor sie die innere Organisation des gesamten Organismus oder die seiner Zellen und Organe nachhaltig stören. Über entsprechende sensorische Nervenbahnen werden die in diesen Sinneszellen entstandenen Signalmuster zum Gehirn weitergeleitet. Dort kommt es zum Aufbau charakteristischer Erregungsmuster innerhalb der entsprechenden neuronalen Netzwerke, die ihrerseits wieder ein spezifisches Antwortmuster generieren. Über efferente Nervenbahnen werden diese dann zu den Zellen der jeweiligen Organe und Organsysteme weitergeleitet. Dort lösen sie entsprechende Reaktionen aus, die dazu führen, dass die betreffende Störung nicht nur wahrgenommen, sondern auch vermieden oder ausgeglichen werden kann, bevor sie den Organismus erreicht hat.

Damit wird nun auch verständlich, was die primäre Aufgabe des Nervensystems und später auch des Gehirns ist und welchen Vorteil deren Weiterentwicklung bot: Mithilfe eines Nervensystems und des Gehirns wurde es möglich, auf bedrohliche Veränderungen bereits zu reagieren, bevor diese die innere Organisation des betreffenden Organismus erreichten und dort tief greifende Störungen auslösen konnten. Das Ausmaß einer im Inneren entstandenen oder von außen verursachten Inkohärenz ließ sich mit Hilfe eines Nervensystems und eines Gehirns bereits in einem Anfangsstadium so weit reduzieren, dass es die Reaktionsmöglichkeiten der Körperzellen und der von ihnen gebildeten Organe und Organsysteme nicht überstieg. Und je besser ein Tier oder ein Mensch mit Hilfe seines Nervensystems und seines Gehirns im Verlauf seines Lebens zu lernen imstande war, welche äußeren und inneren Veränderungen zu tief greifenden Störungen seiner Kohärenz führen konnten und mit welchen Bewältigungsstrategien solche Gefahren vermeidbar waren, desto größer wurden auch seine Überlebens- und Reproduktionschancen in einer sich ständig weiter verändernden Lebenswelt.

Wie schon auf der Ebene der Einzeller oder auf der Ebene der inneren Organisation von Körperzellen, Organen und Organsystemen bei den Vielzellern sind auch alle Lernprozesse, die nun durch die Herausbildung eines Nervensystems und eines Gehirns möglich werden, an den vorangegangenen Erwerb eines entsprechenden Spektrums unterschiedlicher Reaktionsmuster gebunden. Deshalb kann auch mit Hilfe eines Gehirns niemals etwas wirklich Neues erlernt, sondern immer nur all das erweitert oder auf eine neue Weise miteinander kombiniert werden, was bereits vorhanden oder durch vorangegangene Lernerfahrungen angelegt und in der inneren Organisationen des Gehirns verankert worden ist. Im Gehirn müssen also die Nervenzellen bereits in einer bestimmten Weise verknüpft sein, müssen immer schon irgendwelche vorangegangenen Lernerfahrungen in Form bestimmter neuronaler Vernetzungs- und synaptischer Verschaltungsmuster ausgebildet worden sein, damit etwas Neues hinzugelernt und als erweitertes oder anders als bisher zusammengesetztes Netzwerk verankert werden kann. Der neue Lerninhalt muss also, wie die

Pädagogen das nennen, anschlussfähig, muss an bereits vorhandenes Wissen anknüpfbar sein.

Und genauso wenig wie im Gehirn kann auch innerhalb einer sozialen Gemeinschaft, also einer Familie, einem Fußballverein, einem Unternehmen oder einer Glaubensgemeinschaft etwas Neues herausgebildet und in der jeweiligen inneren Organisation verankert werden, was nicht bereits vorher zumindest in Ansätzen vorhanden war.

In allen Fällen ist Lernen ein auf vorangegangenen Lernprozessen aufbauender, diese erweiternder oder in neuer Weise zusammenfügender Prozess. Lernen kann daher weder irgendwo enden noch auf einer bestimmten Entwicklungsstufe beginnen. Es beginnt nicht nur bereits mit der Herausbildung erster Lebensformen, es ermöglicht überhaupt erst deren Entstehung und deren Erhaltung, und es endet erst dann, wenn alles, was lebt, gestorben ist.

These 6

Kein Lebewesen kann etwas lernen
ohne Anregung durch andere
und ohne selbst mit dem,
was es gelernt hat,
andere zum Lernen anzuregen

Allein dadurch, dass sich in grauer Vorzeit unter günstigen Bedingungen zunehmend komplexere organische Verbindungen und schließlich sogar sich selbst replizierende Nukleinsäureketten herausbildeten und als Informationsträger für die Synthese bestimmter Eiweiße genutzt werden konnten, lässt sich die Entstehung des Lebens auf unserem Planeten nicht erklären. Zu lebendigen Vorläufern der ersten Lebensformen konnten nur diejenigen dieser früher Gebilde werden, die in der Lage waren, sich selbst zu erhalten und zu reproduzieren. Es muss ihnen dabei gelungen sein, die anfänglich entstandenen Reaktionsmuster fortschreitend zu erweitern und auf neue Weise miteinander zu verknüpfen und die so gefundenen Lösungen zu stabilisieren: also zu lernen, wie ihr eigenes Überleben unter den damaligen Bedingungen und Voraussetzungen gesichert werden konnte.

Dabei erzeugten sie selbst bestimmte Wirkungen (durch die Aufnahme von Bausteinen und Energie und die Absonderung von Stoffwechselendprodukten). Diese wurden durch ihr eigenes Wachstum und ihre eigene Vermehrung zwangsläufig weiter verstärkt. So wurden diese ersten Lebewesen selbst zu Verursachern charakteristischer Veränderungen ihrer Lebenswelt. Überleben konnten sie und ihre Nachkommen nur, indem sie es nun ihrerseits in einem weiteren Lernprozess, durch erneute Versuche und Irrtümer schafften, trotz dieser ständigen Veränderungen ihrer Lebenswelt zu überleben und sich fortzupflanzen. Die dabei gefundenen Lösungen wurden dann als etwas weiter ausgebaute und etwas anders miteinander verknüpfte Reaktionsmuster in ihrem inneren Beziehungsgefüge stabilisiert. Wenn sich dabei Lösungen ergaben, die es Einzelnen dieser frühen Lebensformen ermöglichten, neue Lebensräume zu erschließen, konnten sie auch dort lernen, zunehmend besser zu überleben und sich zu vermehren. So entstanden die ersten unterschiedlichen Vorläufer unserer heutigen Mikroorganismen. Aus ihnen wurden die primitiven Einzeller und schließlich – als die ersten Einzeller durch weitere Versuche und Irrtümer geeignete Reaktions- und Beziehungsmuster gefunden hatten, die es ihnen ermöglichten, nach ihrer Teilung miteinander verbunden zu bleiben – entstanden die ersten Vielzeller.

Je geeigneter sich eine auf diesen Entwicklungsstufen von einzelnen Lebensformen gefundene Lösung erwies, desto besser sie nun wieder wachsen und sich vermehren konnten, desto ausgeprägter waren auch ihre Wirkungen innerhalb ihrer jeweiligen Lebenswelt und damit das Ausmaß der Veränderung der bisherigen Lebensbedingungen für alle anderen dort ebenfalls wachsenden und sich vermehrenden Lebewesen. Sie konnten versuchen, das Spektrum ihrer bis dahin entwickelten und in ihrer inneren Organisation stabilisierten Reaktionsmuster zu erweitern oder umzugestalten. Durch Mutation oder Rekombination entstandene Veränderungen ihres Erbgutes boten dafür bisweilen besonders günstige neue Möglichkeiten. Von Anbeginn mussten Lebewesen also Lösungen finden, um unter Bedingungen überleben und sich fortpflanzen zu können, die ständig durch die Wirkungen anderer Lebewesen verändert wurden. Und jede besonders gut zur Sicherung des eigenen Lebens und der eigenen Nachkommenschaft von einer bestimmten Lebensform gefundene Lösung führte zwangsläufig zu einer fortschreitenden Veränderung der bisherigen Lebensbedingungen nicht nur der betreffenden, sondern auch aller anderen, den gleichen Lebensraum teilenden Lebewesen.

Aus diesem Grund ist kein Lebewesen von allein so geworden, wie es heute ist. Alle Reaktionsmuster, alle Leistungen und alle Strukturen, die Lebewesen im Verlauf ihrer bisherigen Entwicklung herausgebildet haben, sind Lösungen, die in einem bis heute fortwährendem, co-evolutiven Lernprozess von den verschiedenen Lebensformen als Antworten auf diese wechselseitig verursachten Veränderungen ihrer jeweiligen Lebensbedingungen gefunden worden sind.

Auch die Herausbildung und fortschreitende Weiterentwicklung des Nervensystems und des Gehirns ist ein Ergebnis dieses lebendigen co-evolutiven Lernprozesses. Mit jedem erweiterten oder neu kombinierten Reaktionsmuster und der sich daraus ergebenden neuen Verhaltensweise, die ein Tier oder ein Mensch entwickelt, wird eine Veränderung erzeugt, die alle davon betroffenen Lebewesen anregt, nun ihrerseits ein zur Wiedererlangung ihrer Kohärenz geeignetes Reaktionsmusters zu suchen.

Wenn es von ihnen gefunden, stabilisiert und erfolgreich eingesetzt wird, entsteht eine Wirkung, die ihrerseits wieder entsprechende Such- und Lernprozesse bei all jenen auslöst, bei denen die Auswirkungen dieser neuen Verhaltensweise zu einer Störung der von ihnen bisher aufrechterhaltenen inneren Ordnung führt. Auf diese Weise lernen Raubtiere ihre Beute immer effektiver anzugreifen und die Beutetiere lernen, sich zunehmend besser vor deren Angriff in Sicherheit zu bringen. Bei der Partnerwahl lernen die Vertreter des einen Geschlechts zunehmend besser, all das hervorzubringen und vorzuführen, was die des anderen Geschlechts als besonders anziehend empfinden und wofür diese dann auch eine zunehmend feinere Wahrnehmungsfähigkeit herausbilden.

Verhaltensweisen, die flexibel eingesetzt werden müssen und die immer wieder an neue Erfordernisse anzupassen sind, werden von den Nachkommen einer tierischen oder menschlichen Gemeinschaft von Eltern oder anderen erfahrenen Mitgliedern übernommen, die sie bereits beherrschen. Nur solche Reaktionsmuster und Verhaltensweisen, die sich über viele Generationen hinweg bewährt haben, sind so tief in der inneren Organisation der betreffenden Tiere verankert worden, dass sie von den Nachkommen nicht mehr erlernt werden müssen. Sobald sich aber auch deren Lebenswelt irgendwann doch wieder nachhaltig und über Generationen hinweg zu verändern beginnt, kommt es zu immer tiefer reichenden Störungen der inneren Organisation ihrer Nachkommen. Über die Aktivierung epigenetischer Faktoren und eine zunehmende Destabilisierung des Genoms können so unter Umständen sogar entsprechende Veränderungen der Erbanlagen ausgelöst werden, die eine Weiterentwicklung ermöglichen. Anderenfalls stirbt die betreffende Art aus.

Vor allem die durch Aktivitäten von uns Menschen ausgelösten Veränderungen haben dazu geführt, dass viele über Jahrmillionen entstandene Arten und sogar verschiedene, sehr alte menschliche Kulturen inzwischen untergegangen sind. Wir Menschen haben gelernt, unter allen möglichen, z. T. sehr extremen Gegebenheiten zu leben, indem wir die für unser Überleben und unsere Reproduktion erforderlichen Bedingungen selbst gestalten. Als die dafür geeignetste soziale Lebensform wurde von uns die bereits von unseren äffischen Vorfahren entwickelte individualisierte Gemeinschaft übernommen. In solchen individualisierten Gemeinschaften können Lernerfahrungen, die ein Individuum gemacht hat, hoch effizient sowohl horizontal (an die anderen Mitglieder) wie auch vertikal (an die Nachkommen) übertragen werden. Auf diese Weise sind alle menschlichen Kulturleistungen verbreitet und durch transgenerationale Lernprozesse weitergegeben worden.

Auch wenn wir uns als Erwachsene dessen nicht immer bewusst sind, so haben wir doch alles, was wir wissen und können, von anderen Personen gelernt. Ganz allein, ohne andere, hätten wir weder zu sprechen noch zu laufen gelernt, geschweige denn Fahrrad zu fahren oder im Internet zu surfen. Immer haben wir andere gebraucht, die uns zeigen konnten, wie etwas geht. Und immer waren es im Zusammenleben mit anderen gemachte Erfahrungen, die in uns das Bedürfnis zum eigenen Weiterlernen geweckt haben. Sogar diejenigen, die für sich beschlossen und dann auch gelernt haben, nichts mehr lernen zu wollen, konnten diese Vorstellung nur entwickeln, weil es andere Menschen gab, die ihnen ihre angeborene Lernlust durch frustrierende Lernerfahrungen verdorben haben.

Natürlich kann auch jemand ganz allein im stillen Kämmerlein etwas lernen. Aber dazu muss er oder sie vorher schon eine ganze Menge von anderen gelernt haben. Lesen zum Beispiel oder sich ein Essen zuzubereiten, wenn der Magen knurrt, oder eine Lampe anzuschalten, wenn es dunkel wird.

Nichts von alldem, was ein Mensch im Lauf seines bisherigen Lebens gelernt hat, was er weiß und kann, ist aus ihm selbst erwachsen. Nicht nur Lesen, Schreiben und Rechnen, sondern auch das Sprechen und sogar das aufrechte Gehen haben wir von anderen Menschen gelernt. All diese in der Beziehung zu anderen Menschen gemachten Lernerfahrungen sind in Form gebahnter Beziehungs- und Verschaltungsmuster im Gehirn eines jeden Menschen verankert worden.

Deshalb ist die Fähigkeit, mit anderen Personen in Beziehung zu treten, die Voraussetzung dafür, deren Wissen und Können zu übernehmen. Je leichter das schon Kindern und Jugendlichen gelingt und je verschiedenartiger und unterschiedlicher das Spektrum der Lernerfahrungen ist, das diese anderen Personen gemacht haben, desto vielfältiger und reichhaltiger wird das Wissen und Können, werden die Vorstellungen und Erfahrungen, die ein Heranwachsender von anderen übernehmen und sich zu eigen machen kann.

Wir Menschen kommen bereits mit einer enormen Empathiefähigkeit zur Welt und alle kleinen Kinder suchen nach einer engen, verlässlichen Beziehung zu ihren primären Bezugspersonen. Solange sie dabei keine negativen Erfahrungen machen, weiten sie diese Suche auf alle Personen im engeren und weiteren Umkreis der Familie, in der sie aufwachsen, aus. Entscheidend ist dabei nicht die Anzahl der Personen, mit denen ein Kind eine Beziehung eingeht, sondern die Qualität dieser Beziehungen. Nur in Beziehungen, in denen es zu einer Begegnung von Subjekt zu Subjekt kommt, also nur dann, wenn ein Kind sich in seiner Einzigartigkeit von einer anderen Person gesehen und wertgeschätzt fühlt, ist es bereit, sich zu öffnen und das Wissen und Können, die Vorstellungen und Erfahrungen dieser anderen Person zu übernehmen. Beziehungen, in denen ein Kind – oder später ein Erwachsener – als Objekt behandelt und zum Objekt von Bewertungen, Erwartungen, Absichten und Interessen oder gar Maßnahmen anderer Personen gemacht werden, blockieren diese Übernahme und zwingen in ungünstige Lernerfahrungen. Ein Kind lernt unter diesen Bedingungen primär, sich vor solchen Personen und deren Absichten zu schützen, entweder, indem es diese selbst zum Objekt seiner Aktivitäten macht oder indem es sich selbst als Objekt zu betrachten und zu verhalten lernt.

Beides verhindert den Austausch, der Lernprozess verliert seinen co-kreativen und co-evolutiven Charakter. Jede konstruktive Interaktion und jedes Teilen von Lernerfahrungen wird so unterdrückt. Das betreffende Kind oder die betreffende erwachsene Person beginnt gewissermaßen »im eigenen Saft zu schmoren«, kann die Möglichkeiten des Teilens und des zwischenmenschlichen Austausches von Wissen und Können, von Erfahrungen und Vorstellungen nur noch eingeschränkt und nur noch in der Beziehung zu denjenigen (wenigen) Personen nutzen, die ihm in einer offenen und vorbehaltlosen, auch vorurteilsfreien Beziehung von Subjekt zu Subjekt begegnen.

These 7

Nur Menschen können lernen,
die Lernfähigkeit anderer
zur Verfolgung eigener Ziele
und Absichten zu benutzen

Das Spektrum der Möglichkeiten, bei auftretenden Störungen des bisherigen Zusammenlebens neue Beziehungsmuster herauszubilden, eine andere Art des Umgangs miteinander zu erlernen und das Zusammenwirken der Mitglieder nachhaltig zu verändern, ist im Fall menschlicher Gemeinschaften nahezu unbegrenzt. Im Verlauf der Menschheitsgeschichte sind in den verschiedenen Regionen und Kulturkreisen alle nur denkbaren Möglichkeiten dieses Zusammenlebens ja auch schon entwickelt und immer wieder verändert worden. Das menschliche Gehirn ist so plastisch und vor allem bei Kindern in so hohem Maß durch die beim Hineinwachsen in eine bestimmte Gemeinschaft gemachten Erfahrungen formbar, dass jedes Neugeborene in der Lage ist, sich beim Heranwachsen all das anzueignen, was in einer bestimmten Gemeinschaft für sein Zusammenleben mit den anderen Mitgliedern bedeutsam ist oder als bedeutsam erachtet wird.

Vor allem als Kinder sind wir in der Lage, von anderen Personen alles zu lernen, was diese ihrerseits ebenfalls von anderen gelernt haben – aber nur dann, wenn wir das, was sie schon wissen und können, als bedeutsam für uns erachten. Nur dann schauen wir genau hin, hören genau zu, fokussieren unsere Aufmerksamkeit auf das, was eine andere Person macht und sagt. Der betreffende Lernstoff muss also, wie die Hirnforscher es nennen, emotional aufgeladen sein. Wir müssen das Gefühl haben, dass etwas für uns und unser Leben wirklich wichtig ist. Sonst kommt es nicht zu der für jeden Lernprozess erforderlichen inneren Erregung, die mit einer Aktivierung der emotionalen Zentren und der dadurch ausgelösten vermehrten Freisetzung neuroplastischer Botenstoffe einhergeht. Und ohne die kann keine neue Lernerfahrung nachhaltig, also als erweitertes oder neu zusammengefügtes neuronales Netzwerk strukturell im Gehirn verankert werden.

Emotional aufgeladen ist alles, was einem Kind oder einer erwachsenen Person unter die Haut geht, weil es aus einem eigenen Bedürfnis erwächst, einer besonderen Begabung entspricht, also in dem oder der Lernenden als eigene Entdeckerfreude und Gestaltungslust entsteht.

Der Lernstoff kann aber auch dadurch eine emotionale Aufladung bekommen, weil die betreffende Person, von der etwas gelernt wird, von einem Lernenden als bedeutsam betrachtet wird, wenn also eine emotionale Beziehung zu dieser Person besteht und der Lernstoff dadurch emotional aufgeladen wird.

Eine dritte Möglichkeit der emotionalen Aufladung von Lernprozessen lässt sich dadurch erreichen, dass das Lernen mit der Androhung von Bestrafungen oder dem Versprechen von Belohnungen verknüpft wird.

Unter diesen Bedingungen wird jedoch primär erlernt, wie sich Strafen vermeiden oder Belohnungen erlangen lassen. Dass der jeweilige Lernstoff dann auch im Hirn verankert wird, ist dann eher ein Nebeneffekt.

Noch im vergangenen Jahrhundert war die Auffassung weit verbreitet, die Fähigkeit zu lernen sei ein Herausstellungsmerkmal des Menschen. Diese Auffassung ließ sich jedoch angesichts der immer zahlreicher werdenden Beobachtungen von z. T. sogar sehr komplexen Lernleistungen von Tieren nicht länger aufrechterhalten.

Sie wurde abgelöst durch die Vorstellung, nur wir Menschen seien in der Lage zu lernen, was im Kopf einer anderen Person vorgehe, was sie vorhat, welche Absichten sie verfolgt und was sie deshalb sagt oder tut. Als *Theory of Mind* bezeichnen die Hirnforscher diese besondere Fähigkeit. Aber auch sie ist offenbar kein Alleinstellungsmerkmal von uns Menschen. Auch die mit uns verwandten Primaten verfügen über diese Fähigkeit. Auch sie können offenbar schon lernen, sich ein Bild davon zu machen, eine Vorstellung davon zu entwickeln, was ein anderer Affe oder ihr menschlicher Betreuer vorhat und welche Absichten er oder sie verfolgt. Inzwischen sind sogar die ersten Hinweise dafür gefunden worden, dass auch Hunde und manche Vögel in der Lage sind, eine Vorstellung davon zu entwickeln, was für Absichten ein anderer verfolgt, was er also denkt und vorhat.

Dennoch gibt es etwas, was nur wir Menschen lernen können und was uns wirklich von den Tieren unterscheidet: Nur wir sind in der Lage zu lernen, die Lernfähigkeit anderer Lebewesen und vor allem die unserer eigenen Artgenossen, sogar die unserer Kinder, gezielt und bewusst zur Verfolgung eigener Absichten auszunutzen.

Nur wir können lernen, andere Tiere abzurichten und so zu dressieren, dass sie sich schließlich so verhalten und genau das tun, was wir wollen. Konditionierung nennen das die Lernforscher heute. Aber dass sich bei Tieren und erst recht bei anderen Menschen durch Belohnungen oder Bestrafungen gezielt Lernprozesse erreichen lassen, haben Menschen bereits sehr früh gelernt, lange bevor Pavlow mit seinen Experimenten an Hunden herausgefunden hatte, wie diese Konditionierung funktioniert.

Damit ein Mensch einem Hund, einem Kanarienvogel, einem Affen oder einem anderen Menschen durch solche Konditionierungsprozesse etwas beibringen kann, ihn also lehren kann, etwas zu tun, was das betreffende Lebewesen normalerweise nicht oder zumindest nicht auf Kommando oder nur in einem bestimmten Kontext tun würde, muss der jeweilige Lehrmeister über eine Fähigkeit verfügen, die nur Menschen erlernen können. Er oder sie muss in der Lage sein, dieses andere Lebewesen nicht als Subjekt, sondern als Objekt zu betrachten. Erst als solches kann er es für seine Konditionierungsabsichten benutzen.

Diese besondere Fähigkeit, andere Lebewesen oder gar seine Mitmenschen als Objekte zu behandeln, ist dem Menschen nicht angeboren. Sie wird erst durch einen eigenen Lernprozess erworben. Und zwar dadurch, dass die betreffende Person selbst von anderen zum Objekt ihrer Absichten und Ziele, ihrer Bewertungen und Belehrungen, ihrer Erziehungs- und Bildungsmaßnahmen gemacht wurde. Oft geschieht das bereits während der frühen Kindheit, es setzt sich fort in den Bildungseinrichtungen und kennzeichnet bis heute die Art unseres gegenwärtigen Zusammenlebens. Anstatt einander als Subjekte zu begegnen und voneinander zu lernen, machen wir uns gegenseitig zu Objekten und benutzen einander bei der Verfolgung unserer jeweiligen Absichten und Ziele.

Es handelt sich hierbei um eine bemerkenswerte Kulturleistung, die nur der Mensch mit Hilfe seines enorm komplexen Gehirns und nur aufgrund seiner Eingebundenheit in menschliche Gemeinschaften zu entwickeln imstande war. Als kollektive Lernleistung herausbilden – und in Form speziell dafür geschaffener Erziehungs- und Bildungseinrichtungen innerhalb menschlicher Gemeinschaften strukturell verankern – konnten Menschen diese Fähigkeit deshalb, weil es unter bestimmten Bedingungen vorteilhaft war, andere als Objekte zu betrachten, zu behandeln und zu benutzen.

Konkret heißen diese Bedingungen Not und Elend, verursacht durch Naturkatastrophen, meist aber durch kriegerische Auseinandersetzungen. Allgemeiner ausgedrückt waren es fortwährende Bedrohungen der eigenen Existenz, also das durch Angst ausgelöste Bedürfnis nach Sicherheit und Kontrolle, was zur Herausbildung dieser besonderen Kulturleistung geführt hat.

Und die wirksamste Bewältigungsstrategie, die von einer bedrohten und verängstigten menschlichen Gemeinschaft gefunden werden kann, ist der Aufbau einer möglichst streng organisierten, hierarchisch geordneten Sozialstruktur. Hier agieren nur noch wenige Personen als entscheidungs- und handlungsfähige Subjekte, alle anderen haben sich deren Entscheidungen, Maßnahmen und Anordnungen unterzuordnen.

Nur so konnten Soldaten geführt und Kriege gewonnen werden. So können bis heute aber nicht nur kollektive Bedrohungen abgewendet, sondern auch von den Anführern erlangte Besitztümer und Privilegien gesichert werden. Weil das in allen menschlichen Gemeinschaften bisher so bedeutsam war, haben sie auch alle diese Fähigkeit herausgebildet, andere Menschen als Objekte zur Verfolgung eigener Absichten und Ziele zu benutzen. Deshalb sind gesellschaftliche Einrichtungen und Strukturen geschaffen worden, die sicherstellen, dass immer wieder genügend Kinder und Jugendliche bereit sind, sich als Objekte der Absichten und Ziele anderer Personen benutzen zu lassen. Was wir heute »Schulen« nennen, ist aus den Priester- und Kadettenschulen hervorgegangen, in denen der Nachwuchs noch vor wenigen Generationen in unserem Kulturkreis auf seine späteren Aufgaben vorbereitet und abgerichtet wurde. Die Prügelstrafe ist inzwischen zwar abgeschafft. Nach wie vor verbreitet ist aber die Vorstellung, dass Schüler zum Lernen motiviert werden müssen und dass das am besten funktioniert, indem sie zu Objekten von Erwartungen und Bewertungen, von Belehrungen und Benotungen, von Unterrichts- und sonstigen Fördermaßnahmen gemacht werden.

Fazit

Die Freude am Lernen ist Ausdruck der Freude am Leben

Die Fähigkeit zu lernen ist Ausdruck der Lebendigkeit, nicht nur von uns Menschen, sondern aller Lebewesen auf allen Ebenen der Organisation des Lebendigen: von Prokaryonten über eukaryonte Zellen und vielzellige Organismen bis hin zu sozialen Gemeinschaften. Ohne diese Lernfähigkeit hätte das Leben weder entstehen noch sich zu seiner lebendigen Vielfalt entwickeln können. Ja, mehr noch, erst durch ihre Lernfähigkeit sind Lebewesen in der Lage, die bereits in der Entwicklung des Universums angelegte Tendenz zur Erweiterung des Spektrums der Interaktionsmöglichkeiten seiner Komponenten enorm zu beschleunigen. Sie erst verleiht dem Evolutionsprozess des Lebendigen eine Richtung: Nicht nur hin zu wachsender Komplexität, sondern vor allem hin zur Herausbildung sich ständig erweiternder Möglichkeitsräume. Die Lernfähigkeit ist ein in allem Lebendigen angelegtes Potenzial, das mit der Herausbildung zunehmend interaktions- und damit auch lernfähigerer Lebewesen zur Entfaltung kommt.

Wir Menschen sind die ersten Lebewesen, die diesen Zusammenhang und diese Entwicklung zu verstehen imstande sind. Interessanterweise aber nicht als Einzelwesen, sondern als Ergebnis einer gemeinschaftlichen Lernleistung, die auf unserer Fähigkeit zur vertikalen und horizontalen Weitergabe von Wissen innerhalb der von uns herausgebildeten individualisierten Gemeinschaften beruht. Es handelt sich also bei diesem wachsenden Verständnis der Bedeutung des Lernens für die Evolution des Lebendigen um eine menschliche Kulturleistung, die erst durch den fortwährenden Austausch und die Weitergabe von einmal gewonnenen Erkenntnissen, Fähigkeiten und Fertigkeiten zustande gekommen ist.

Indem wir nun zu verstehen beginnen, dass es kein Leben ohne Lernen geben kann, wird auch deutlich, wie sehr die Lust am Leben mit der Lust am Lernen verbunden ist – oder, etwas deutlicher: weshalb die Lernfähigkeit alles Lebendigen zwangsläufig etwas hervorbringen musste, was diese von Anfang an angelegte Fähigkeit ständig weiter zu steigern vermochte.

Was Zellen empfinden, wenn sie etwas hinzugelernt haben, wissen wir nicht. Wenn es ihnen hilft, eine schwierige Situation zu meistern und auf diese Weise zu überleben, sollte auch bei ihnen etwas ausgelöst werden, was wir als eine positive Empfindung bezeichnen würden.

Ähnlich dürfte es einem Polypen ergehen, wenn er einen Wasserfloh gefangen hat, oder einem Baum, der an einem schwierigen Standort überlebt, weil er sein Wachstum an die dort herrschenden Bedingungen anzupassen lernt.

Aber das, was wir als Lust bezeichnen, können wohl nur all jene Lebewesen empfinden, die über ein Gehirn verfügen, dessen innere Organisation geeignet ist, ein derartiges Gefühl hervorzubringen. Interessanterweise sind das all jene Tiere, bei denen die Fähigkeit zu lernen am weitesten entwickelt ist. Was ein Affe oder ein Rabe oder ein Hund empfindet, wenn er etwas Neues hinzugelernt hat, wissen wir deshalb zwar noch immer nicht. Aber es kann nicht allzu weit von dem entfernt sein, was wir in einer solchen Situation empfinden: Lust, vielleicht sogar Begeisterung, aber zumindest Freude.

Und diese Freude über eine wichtige Lernerfahrung, die jemand gemacht hat, geht immer mit einer gleichzeitig ausgelösten Freude darüber einher, dass er oder sie lebendig ist. Die Fähigkeit zu lernen ist also nicht nur Ausdruck der eigenen Lebendigkeit. Beides, Lernen und Leben sind über das gleiche Gefühl untrennbar miteinander verbunden. Das gilt auch für den umgekehrten Fall: Wer seine Lust am Lernen verliert, dem kommt damit auch seine Lust am Leben gleich mit abhanden.

Deshalb ist es keine belanglose Frage, sondern ein ernstzunehmendes Problem mit nicht zu unterschätzenden Auswirkungen für die gesamte weitere Lebensgestaltung einer Person, ob es ihr gelingt, ihre angeborene Freude am Lernen (und damit an der eigenen Lebendigkeit) aufrechtzuerhalten. Leider geht vielen

Menschen ihre angeborene Lernlust bereits sehr früh, oft schon während der Kindheit, verloren. Ein recht gutes Indiz dafür ist es, wenn Kinder aufhören, frei und unbekümmert zu spielen oder ihren erwachsenen Bezugspersonen ständig neue Fragen zu stellen. Denn spielend und fragend erkunden sie die Welt und erleben sich dabei als Gestalter ihrer eigenen Lernprozesse – als Subjekte.

Daran werden sie gehindert, sobald jemand ihnen etwas beizubringen, sie zu belehren, zu unterrichten versucht. Dann erleben sie sich nicht mehr als Gestalter ihrer eigenen Lernprozesse. Sie werden zu Objekten von Belehrungen, von Erziehungs- und Unterrichtsmaßnahmen, von Erwartungen und Bewertungen gemacht. Sie fühlen sich dann nicht mehr in ihrer Einzigartigkeit – als Subjekte – gesehen und wertgeschätzt. Sie erleben das als schmerzhafte, unangenehme Erfahrung, haben also ein Problem, das sie lösen müssen.

Alle Kinder lernen früher oder später, was sie tun müssen, um dieses unangenehme Gefühl zu überwinden. Manche versuchen es, indem sie den Spieß einfach umdrehen und ihre Belehrer und Erzieher selbst wieder zum Objekt – zunächst ihrer Bewertungen (»doofer Lehrer«), später auch ihrer Handlungen (andere manipulieren, hintergehen, ausnutzen) – machen.

Auch das löst immer dann, wenn es funktioniert, ein Gefühl aus. Es heißt Befriedigung, in seiner Steigerung Triumph. Es geht um Unterwerfung, um das Erlangen von Kontrolle und Einfluss und Macht über andere Personen. Mit der Freude am Lernen, mit der ursprünglichen Offenheit für alles, was es zu entdecken und gestalten gibt, hat dieser Entwicklungsweg nichts mehr zu tun, auch wenn er bisweilen zu beeindruckenden Leistungen und Erfolgen Einzelner – auf Kosten anderer – einhergeht. Und indem sich dabei das ursprüngliche Gefühl der Freude am Lernen in ein Gefühl der Befriedigung und des Triumphes verwandelt, verschwindet auch die Freude am Leben. Dann geht es auch im Leben nur noch um Befriedigungen und gelegentliche Triumphe – und sei es auch nur bei der »Schnäppchenjagd« aus dem Sortiment der Sonderangebote.

Manchen Kindern gelingt es offenbar nicht so leicht, ihre Eltern, Erzieher oder Lehrer zu Objekten ihrer eigenen Bewertungen und Handlungen zu machen. Sie machen sich lieber selbst zum Objekt. Erklären sich selbst für zu dumm, halten sich für nicht liebenswert, für nicht gut genug, betrachten sich als Versager. Auch das ist eine geeignete Strategie, um den Schmerz und das unangenehme Gefühl zu überwinden, das sie empfinden, wenn sie sich nicht als Subjekte gesehen und gewertschätzt, sondern als Objekte der Belehrungen, Absichten, Bewertungen oder gar Maßnahmen anderer Personen behandelt fühlen. Auch das, also sich selbst als Objekt zu betrachten, können Kinder und auch noch Erwachsene lernen. Das damit einhergehende Gefühl hat mit Lernfreude allerdings ebenfalls nichts zu tun. Aber es ist besser auszuhalten als der Schmerz. Wir haben dafür keine gute Bezeichnung, vielleicht passt Gleichgültigkeit noch am besten. »Mir ist alles egal, ich mag mich selbst nicht« – das wird dann zum vorherrschenden Lebensgefühl. Es ist eine fatale Einstellung, denn jemand, der sich selbst zum Objekt gemacht hat, erlebt sich auch nicht mehr als aktiver Gestalter. Er oder sie hat dann keine gute Beziehung zu sich selbst, mag sich und oft auch seine eigene Körperlichkeit nicht mehr und hat enorme Probleme bei der Gestaltung seiner Beziehungen zu anderen.

Welche der beiden Strategien ein Mensch schon als Kind und später als Erwachsener gefunden hat und künftig zur Gestaltung seines Lebens und seiner Beziehungen zu anderen Menschen (und meist auch zu anderen Lebewesen) einsetzt, ist nicht entscheidend. Entscheidend ist, ob es dieser Person später im Leben noch gelingt zu erkennen, was sie oder ihn dazu gebracht hat, diesen Weg einzuschlagen.

Und das waren eben immer ungünstige Lernerfahrungen, die von anderen, meist erwachsenen Personen und meist auch ohne bewusste Absicht ausgelöst worden sind. Niemand verliert seine angeborene Lern- und Lebenslust von allein. Damit es dazu kommen kann, muss es andere Menschen geben, die nicht verstanden haben, was sie tun, die ihrerseits ebenfalls – meist auch schon als Kinder – die Erfahrung machen mussten, nicht als Subjekte gesehen, sondern als Objekte behandelt zu werden.

Erst wenn immer mehr Menschen diesen subtilen Prozess der transgenerationalen Weitergabe negativer Lernerfahrungen zu verstehen beginnen, wird es auch möglich, ihn zu durchbrechen. Es mag sein, dass die Hirnforschung nicht viel zur Verbesserung der praktischen Gestaltung von Lernprozessen beitragen kann. Aber die von den Hirnforschern gewonnene Erkenntnis, dass unser menschliches Gehirn zeitlebens plastisch und durch neue Erfahrungen veränderbar ist, lässt zumindest eine Schlussfolgerung zu: Wir könnten uns verändern. Wir könnten aufhören, einander zu Objekten unserer Absichten und Ziele, unserer Erwartungen und Bewertungen, unserer Belehrungen und klugen Ratschläge oder gar unserer Erziehungs- und Bildungsmaßnahmen zu machen. Wir könnten wieder lernen, einander als Subjekte zu begegnen. Wir könnten einander einladen, ermutigen und inspirieren, die Freude am Miteinander-Lernen und am Zusammenleben wiederzufinden.

Dann würden sich auch die alten gebahnten Vernetzungsmuster in unseren Gehirnen von ganz allein verändern. Und unsere Kinder wären nicht länger gezwungen, die gleichen Vernetzungsmuster in ihrem Hirn zu verankern wie wir.

Wir könnten unser Zusammenleben also auch so gestalten, dass unsere Freude am Lernen zeitlebens erhalten bleibt. Unsere Gehirne hätten damit kein Problem. Im Gegenteil!

Aber damit das geschieht, müssten wir es auch wollen. Das ist unser Problem. Denn wollen kann eine Person so etwas nur, wenn sie sich als Subjekt, als aktiver, lernfähiger und selbstverantwortlicher Gestalter ihres Zusammenlebens mit allen anderen Lebewesen versteht.

Teil 2: Beiträge zur Untermauerung

Wie sich alles, was lebendig ist, immer wieder neu erfindet

Niemand, weder ein allmächtiger Schöpfer noch ein in den genetischen Anlagen versteckter »Programmierer«, hat dafür gesorgt, dass die im Verlauf der Evolution entstandenen Lebewesen immer lernfähiger geworden sind, dass sich zunächst ein Nervensystem und schließlich sogar ein zeitlebens lernfähiges Gehirn herausgebildet hat. Das haben wir inzwischen gelernt. Aber wir können uns nach wie vor nur schwer vorstellen, wie sich all das im Verlauf der Evolution von ganz allein in einem fortwährenden Prozess ständig neuer Versuche und immer wieder auftretender Fehler und Irrtümer entwickeln konnte. Zu tief ist unser Vorstellungsvermögen in einmal entstandenen und über Generationen hinweg überlieferten Denkmustern gefangen. Zu gern glauben wir, dass alle Phänomene, die wir beobachten, von irgendjemand oder durch irgendetwas hervorgebracht worden sind. Dass sie eine Ursache oder einen Verursacher haben, es also irgendetwas oder irgendjemanden geben muss, der oder die oder das dafür verantwortlich ist, dass etwas genau so geworden ist, wie es ist.

Für all das, was durch uns Menschen geschaffen wurde und was nun einen wesentlichen Teil unserer allgegenwärtigen Lebenswelt ausmacht, stimmt das ja auch. Unsere Wohnungen und Häuser, unsere Maschinen und Geräte, unsere modernen Kommunikationsmittel, das Internet und Facebook, aber auch Dörfer und Städte, Parks, Felder und Wälder, ja sogar unsere Haustiere – nichts von alldem ist von allein so geworden, wie es heute ist.

Alles ist von irgendjemand erfunden, hergestellt, eben gemacht worden. Und wenn etwas davon nicht richtig funktioniert, wenn etwas passiert, das uns nicht gefällt oder Schwierigkeiten bereitet, suchen und finden wir auch immer einen dafür Verantwortlichen. Das ist sehr bequem und trifft meist zu. Denn für all das, was von Menschen gemacht wird, sind ja tatsächlich irgendwelche Personen verantwortlich.

Aber: Eben nicht alles, was lebt, was sich weiterentwickelt und dabei ständig selbst verändert, ist von Menschen gemacht. Dennoch glauben wir, müsse es jemand gemacht haben. Jemand der größer oder kleiner ist als wir – und suchen den dafür Verantwortlichen dann entweder im Himmel oder im Zellkern. Bis wir irgendwann merken, dass er weder dort noch da zu finden ist. Erst dann, wenn wir mit den alten Vorstellungen nicht mehr weiterkommen, öffnet sich der Blick für eine andere, eine neue Betrachtungsweise.

An einem solchen Punkt sind wir, sind auch unsere »Vordenker«, vor allem all jene Wissenschaftler, die sich mit dem Lebendigen befassen, die Vertreter der so genannten Life Sciences, inzwischen angekommen. Der Schlüsselbegriff zur Erklärung all dieser im Bereich des Lebendigen stattfindenden Entwicklungen und der dabei hervorgebrachten Phänomene heißt »Selbstorganisation«. Etwas prosaischer ausgedrückt, bedeutet das nichts anderes als dass alles, was lebt, sich selbst erst im Prozess des eigenen Werdens erfindet. Jede einzelne der vielfältigen Lebensformen, die wir gegenwärtig auf unserem Planeten beobachten können, ist also nur das vorläufige Zwischenprodukt, das bis dahin gefundene Ergebnis eines fortwährenden Lernprozesses. Und in diesem Lernprozess geht es darum, lebendig zu bleiben oder sich zumindest fortzupflanzen inmitten von anderen Lebewesen, die ebenfalls lebendig bleiben und sich fortpflanzen wollen. All jene, die dieses Problem auf irgendeine Weise lösen könnten, haben überlebt, alle anderen sind ausgestorben.

Manche Lebewesen haben sich erfolgreich in ökologische Nischen zurückgezogen und vielfältige Spezialisierungen entwickelt. So war es ihnen möglich, über Generationen hinweg in einem bestimmten Lebensraum zu überleben. Solange dort alles so blieb, wie es war, konnten auch sie so bleiben, wie sie waren, und brauchten nur wenig hinzuzulernen. Aber alle anderen Lebewesen konnten nur am Leben bleiben und sich fortpflanzen, indem sie sich selbst in einem eigenen Lernprozess so lange veränderten, bis geeignete Strukturen und Mechanismen entstanden waren, die es ihnen ermöglichten, entweder sich selbst immer besser an die ständig von anderen Lebewesen erzeugten Veränderungen ihrer bisherigen Lebenswelt anzupassen – oder diese Lebenswelt immer besser gegenüber solchen Veränderungen zu schützen. Dazu müssten sie Mittel und Wege finden, um ihre jeweilige Lebenswelt immer effektiver selbst zu gestalten, zu kontrollieren und auf diese Weise aufrechtzuerhalten.

Welche dieser beiden Strategien verfolgt und welche Lösungen dabei von den Vertretern einzelner Arten gefunden wurden, hing von ihren bis dahin bereits entwickelten Fähigkeiten, von den durch aufgetretene Veränderungen ihrer bisherigen Lebenswelt entstandenen Erfordernissen und von den in ihnen angelegten Möglichkeiten zu einer eigenen Veränderung ab. Aber das ihr eigenes Überleben und die Sicherung des Überlebens ihrer Nachkommen bestimmende Kriterium blieb immer gleich: Es musste etwas entwickelt oder erfunden werden, was dazu beitrug, dass die betreffenden Lebewesen wieder etwas besser in die Welt passten, in der sie lebten und sich fortpflanzten.

»Kohärenz« nennen die Wissenschaftler diesen Zustand, in dem alles optimal zusammenpasst und den alle lebenden Systeme, jede Zelle, jeder Organismus, jede Gemeinschaft anstreben. Der zur Aufrechterhaltung des jeweiligen Systems notwendige Energieaufwand wird umso geringer, je kohärenter es organisiert ist, je besser also alles, was in seinem Inneren und zwischen seiner

Innenwelt und seiner Außenwelt passiert, zusammenpasst. Weil aber alles, was lebt, auch auf irgendeine Weise in der Welt agiert und in einer Welt lebt, in der auch andere Lebewesen agieren, entstehen ständig Wirkungen, die diese jeweilige Lebenswelt verändern. Und dann passt es eben nicht mehr, dann entsteht eine Inkohärenz. Dann hat das betreffende Lebewesen oder lebende System ein Problem. Dann entsteht in seinem Inneren ein gewisses Durcheinander, eine Störung, die seine Stabilität gefährdet. Und darauf muss das betreffende Lebewesen auf irgendeine geeignete Art und Weise reagieren. Sonst stirbt es. Oder es klappt mit der Fortpflanzung nicht mehr so recht. Wenn es eine geeignete Antwort finden, abrufen und einsetzen kann, ist alles wieder gut. Dann passt alles wieder besser, ist wieder kohärenter, und der im Zustand der Inkohärenz erhöhte Energieverbrauch beginnt sich wieder zu normalisieren. So kann das betreffende Lebewesen überleben bzw. das betreffende lebende System seine Stabilität zurückgewinnen.

Allerdings ist es anschließend nicht mehr so, wie es vorher war. Es hat jetzt nämlich etwas hinzugelernt. Falls es ihm gelungen war, die entstandene Störung durch den Rückgriff auf eine bereits in ihm angelegte, bereits bei vorangegangenen ähnlichen Störungen herausgebildete Reaktion wieder auszugleichen, haben sich dieses betreffende Reaktionsmuster und die an seinem Zustandekommen beteiligten Komponenten und Mechanismen nutzungsabhängig verstärkt. Je häufiger es abgerufen wird, desto besser klappt es.

Möglicherweise war ein bereits vorhandenes Reaktionsmuster aber auch nur eingeschränkt zur Bewältigung der eingetretenen Störung geeignet, konnte jedoch durch den Abruf weiterer bereits angelegter Antwortmöglichkeiten mit diesen kombiniert und so erfolgreich zur Wiederherstellung der verlorengegangenen Kohärenz eingesetzt werden. In diesem Fall wird dann das durch eine solche Kopplung entstandene, erweiterte Reaktionsmuster nutzungsabhängig stabilisiert. Beim nächsten Mal klappt es dann schon deutlich besser.

Besonders gefährlich wird es immer dann, wenn ein Lebewesen oder ein lebendes System auf eine Weise in seiner Kohärenz gestört wird, die es mit keinem der bereits in ihm angelegten Reaktionsmuster beantworten und ausgleichen kann. Unter solchen Bedingungen kommt es zu einer sich immer tiefer in sein inneres Beziehungsgefüge hinein ausbreitenden Inkohärenz. Sie kann dazu führen, dass dieses gesamte innere Beziehungsgefüge so tiefgreifend destabilisiert wird, dass es sich neu zu organisieren beginnt. Als Folge dieser inneren Reorganisation kann dann unter Umständen ein neuartiges Reaktionsmuster entwickelt werden, das in dieser Weise aus der bisherigen inneren Organisation nicht entstanden oder nicht einsetzbar gewesen wäre. In der Kreativitätsforschung wird so etwas als *breakthrough innovation* bezeichnet, in der Komplexitätswissenschaft heißt es »Emergenz«, in der Psychologie vielleicht »innere Transformation« und in der Soziologie würde es wohl »Revolution« genannt. Derartige innere Umbrüche führen meist zur Bereitstellung bzw. Freilegung vielfältiger neuer Optionen für den Aufbau und die Stabilisierung künftiger neuartiger Reaktionsmuster.

Da jedes von einem Lebewesen oder einem lebenden System neu gefundene, weiter ausgebaute oder nachhaltiger verankerte Reaktionsmuster zur Wiederherstellung seiner Kohärenz zwangsläufig auch zu neuartigen oder verstärkten Wirkungen auf andere Lebewesen führt und deren Lebenswelt verändert, erleben auch die davon betroffenen Lebewesen eine Störung ihrer bisherigen Kohärenz. Auch sie sind dann gezwungen, dafür geeignete Reaktionsmuster abzurufen und einzusetzen. Deshalb kommt es in der Folge eines jeden Lern- oder Weiterentwicklungsprozesses der Mitglieder einer Art oder eines lebenden Systems zwangsläufig zu co-evolutiven Lern- und Entwicklungsprozessen all jener Lebewesen, die davon betroffen sind.

Je unfertiger, desto lernfähiger:
Die Innovationskraft des Lebendigen

Jedes lebende System, gleichgültig ob es sich dabei um eine einzelne Zelle, einen vielzelligen Organismus oder eine aus unterschiedlichen Individuen bestehende Gemeinschaft handelt, muss Lösungen finden, die es ihm ermöglichen, sein bisher herausgeformtes inneres Beziehungsgefüge aufrecht zu erhalten. Das ist schwierig, weil diese innere Ordnung durch Einflüsse aus der Außenwelt ständig gestört wird. Ursache dieser Störungen ist die für den Aufbau und die Aufrechterhaltung dieser inneren Strukturen notwendige Offenheit aller lebenden Systeme gegenüber destabilisierenden Einflüssen aus der Außenwelt.

Da jedes lebende System in ein komplexes Beziehungsgefüge mit anderen lebenden Systemen eingebettet ist, werden diese Störungen primär durch andere Lebewesen ausgelöst, die ebenfalls versuchen, ihr inneres Beziehungsgefüge aufrechtzuerhalten, die also selbst ebenfalls am Leben bleiben, wachsen und sich vermehren wollen. In einer begrenzten Welt mit begrenzten Ressourcen ist das nur für begrenzte Zeit möglich. Irgendwann wird der Lebensraum zu eng und die Nahrung zu knapp, und dann geht es so wie bisher nicht mehr weiter. Dann müssen von den betreffenden Lebensformen neue Lösungen gefunden werden, um das eigene Überleben, um ihr weiteres Wachstum und ihre Reproduktion zu sichern.

Während dieser Übergangsphasen kommt es zwangsläufig zu einer zunehmenden Destabilisierung des inneren Beziehungsgefüges der in einem bestimmten Ökosystem lebenden, wachsenden und sich vermehrenden Lebewesen. Am stärksten davon betroffen sind davon immer diejenigen Lebensformen, die mehr Ressourcen als andere verbrauchen, weil sie z. B. als juvenile Formen schneller wachsen als die Generation der Erwachsenen. Die Individuen der nachwachsenden Generation sind aber noch in der Lage, die Ausformung ihres inneren Beziehungsgefüges tief greifender an die restriktive Versorgungslage anzupassen und so neue Lösungen zur Sicherung ihres Überlebens und ihrer Reproduktion zu finden.

Es sind also nicht die alten, erwachsenen und erfahrenen Individuen einer bestimmten Lebensform, die in schwierigen Zeiten wirklich innovative Lösungen finden und veränderte innere Beziehungsmuster entwickeln können. Es sind vielmehr diejenigen, die unter schwieriger werdenden Bedingungen heranwachsen, die noch unerfahren, unfertig, noch suchend unterwegs sind. Ihr inneres Beziehungsgefüge und damit ihre innere Organisation ist viel leichter und auch viel grundsätzlicher umbaubar und an neue Erfordernisse anpassbar als die der Elterngeneration mit all deren festgelegten Mustern und Strategien zur Lösung von Versorgung-, Überbevölkerungs- oder sonstigen Problemen der Ressourcenverknappung.

Bisher haben die Biologen vor allem dort nach den Ursachen und Mechanismen von Veränderungen der inneren Organisation, des inneren Beziehungsgefüges und damit der Struktur und Funktion von Lebewesen gesucht, wo sie ihnen besonders plausibel erschienen, wo sie Phänomene beobachten und beschreiben konnten, die ihnen aufgrund ihrer eigenen Lebenserfahrung hinreichend vertraut waren. Und das waren eben die Problemlösungsstrategien von Erwachsenen, nicht die von Heranwachsenden. Wenn erwachsene Menschen verunsichert werden und Angst haben, oder wenn irgendwelche anderen erwachsenen Lebewesen destabilisierenden Einflüssen ausgesetzt sind, so reagieren sie darauf eben immer zunächst mit dem Versuch, ihr verstörtes inneres Beziehungsgefüge wieder zu stabilisieren.

Sie machen also das, was sie immer schon gemacht haben, wenn es schwierig wurde: Sie greifen auf ihre bereits bewährten Lösungsstrategien zurück. Sie versuchen noch mehr vom Alten. Das aber ist keine Weiterentwicklung, das ist auch alles andere als innovativ. Das ist einfach nur rückwärtsgewandtes Auf-der-Stelle-Treten. Und dabei kann auch nichts anderes herauskommen, als die ständige Verbesserung und Weiterentwicklung all dessen, was sich bisher bereits bewährt hat. Das Resultat dieser, aus der Angst, dem Stress und der Not geborenen »Innovationen« ist deshalb lediglich die Fortentwicklung dessen, was bisher bereits funktioniert hat.

Das heißt nicht, dass es unwichtig wäre herauszufinden, wie im Lauf der Evolution einzelne Merkmale und Fähigkeiten immer weiter ausdifferenziert und fortentwickelt werden, bis am Ende beispielsweise aus einer Anlage für eine fünfgliedrige Vorderextremität bei den Wirbeltieren ein Greifarm, ein Vogelflügel, eine Delphinflosse oder eine Grabschaufel entstanden ist. Das funktioniert genauso, wie es bereits Charles Darwin beschrieben hat: Durch Selektionsdruck und die damit einhergehende Verbesserung der Überlebens- und Reproduktionschancen all jener Individuen einer Art, die nicht nur die genetische Anlage dafür besaßen, sondern die auch unter Bedingungen lebten, unter denen es ihnen möglich war, ihre besonderen Anlagen tatsächlich zu entfalten.

Nur sie konnten bestimmte Merkmale so ausbilden und die Effizienz, der daraus erwachsenen Leistungen und Fähigkeiten so verbessern, dass ihr Weiterleben und ihre Fortpflanzung nun auch unter verstärktem Konkurrenzdruck und verminderter Ressourcenverfügbarkeit gesichert waren.

Aber – und das hat nicht nur Darwin, sondern das haben auch die ihm nachfolgenden Evolutionsbiologen weitgehend übersehen – um bestimmte, bisher nicht exprimierte Gensequenzen nun auf einmal abschreiben und bisher nur als Potenzial angelegte Merkmale und Fähigkeiten auch wirklich herausbilden zu können, muss man noch sehr jung sein. Je jünger, desto besser. Am besten geht das bereits vor der Geburt. Denn dann ist das Zusammenspiel von Genexpression und Merkmalsausbildung noch nicht so fest gefügt und eingefahren. Nur dann herrschen noch die für die Expression neuer Genkombinationen günstigen Bedingungen. Nur wenn sie noch sehr jung und noch nicht so stark ausdifferenziert sind, können lebende Systeme einen wachsenden Selektionsdruck auch wirklich nutzen, um bestimmte in ihnen angelegte genetische Potenziale zu entfalten und die für ihr Überleben und ihre Reproduktion erforderlichen Merkmale und Fähigkeiten herauszubilden.

Suboptimale Bedingungen dafür herrschen automatisch immer dann, wenn das betreffende Lebewesen bereits zu weit ausdifferenziert, also zu alt ist. Solche suboptimalen Bedingungen herrschen aber auch immer dann, wenn es für die Jungen keinen Grund gibt, das entsprechende Merkmal auszubilden oder eine bestimmte Fähigkeit zu entwickeln. Wenn es also für die Jungen gar keine Bedeutung hat, dieses betreffende Merkmal oder diese betreffende Leistung herauszubilden. Wenn sie es nicht wollen, können sie es auch nicht entwickeln.

Mit anderen Worten heißt das: Davon, dass man genetisch eine zum Mäusefangen besonders gut veranlagte Katze ist, wird man nicht automatisch auch ein guter Mäusefänger. Davon, dass man genetisch veranlagt ein besonders großes Geweih bekommt, wird man nicht automatisch zu einem Leithirsch. Davon, dass man genetisch ein Weizenkorn ist, das eine Pflanze mit besonders vielen Weizensamen hervorbringen kann, beschert man dem Bauern nicht zwangsläufig eine gute Ernte.

Damit ein Lebewesen ein in seinem Genom angelegtes Potenzial zur Entfaltung bringen kann, muss die Ausbildung des aus diesem Potenzial herausgeformten Merkmals für das betreffende Individuum von Anfang an bedeutsam sein. Bedeutsam kann die Herausbildung eines bestimmten Merkmals, beispielsweise die

Herstellung eines bestimmten Eiweißes dadurch werden, dass Zellen unter dem Einfluss bestimmter Signalstoffe geraten, die von anderen Zellen des sich entwickelnden Organismus produziert werden.

Bedeutsam kann die Ausbildung eines bestimmten Merkmals oder einer bestimmten Fähigkeit aber auch dadurch werden, dass es innerhalb des bisher ausgebildeten Beziehungsgefüges eines Organismus zu einer Störung oder einer Destabilisierung durch äußere Einflüsse kommt, der nur durch die betreffende Merkmalsausbildung oder den Erwerb einer bestimmten Fähigkeit begegnet werden kann. Dann wird die Not zur Triebfeder für die Suche nach Auswegen und Lösungen.

Dabei sind die Spielräume der erwachsenen Individuen einer Art zwangsläufig geringer als die ihrer juvenilen Mitglieder. Kinder sind noch freier und flexibler als die Alten. Sie können noch nicht automatisch auf alte, bereits bewährte Lösungen zurückgreifen.

Sie sind noch in der Lage, neue, unkonventionelle, von den Erwachsenen nicht für möglich gehaltene Auswege aus schwierigen Situationen, aus der mit der Destabilisierung ihres inneren Beziehungsgefüges einhergehenden Verunsicherung und Angst zu finden.

Wie immer diese Auswege und Lösungen auch aussehen, sie lassen sich alle einer der beiden grundsätzlich möglichen Bewältigungsstrategien zuordnen: Entweder man wehrt sich gegen die Konkurrenten oder man verbindet sich mit ihnen. Kurzfristig kann die Strategie der Abgrenzung, des sich Einmauerns, des Sich-zur-Wehr-Setzens durchaus erfolgreich sein. Langfristig aber bleibt sie eine ständig weiter sprudelnde Quelle von immer neuen Destabilisierungsprozessen und eine zwangsläufig zu fortschreitender Abgrenzung und Spezialisierung zwingende Triebfeder der eigenen Weiterentwicklung.

Die durch den Wettbewerb um begrenzte Ressourcen forcierte Spezialisierung treibt einzelne Arten in ökologische Nischen.

Komplexität und die Generierung eines reichhaltigen Spektrums von im Genom angelegten Potenzialen sind in solch speziellen Lebensräumen ohne Vorteil für das Überleben und die Reproduktion. Wer als Spezialist gut überleben kann, der braucht kein Alleskönner zu werden oder zu bleiben. Günstige Bedingungen für die Erweiterung des Spektrums der im Genom verankerten Optionen und für die Herausbildung komplexer Beziehungsmuster und Organisationsstrukturen innerhalb und zwischen Individuen herrschen also nicht dort, wo der Wettbewerb besonders stark ist. Sie wären vielmehr überall dort zu suchen, wo der Wettbewerb eine weniger bedeutsame Rolle für das Überleben und die Reproduktion der Individuen einer Art spielt. Das aber sind all jene Phasen in der stammesgeschichtlichen Entwicklung einzelner Arten, in denen nicht Not, Elend, Mangel und Ressourcenverknappung herrschten, sondern Überfluss. Dort, in diesen Phasen des unangestrengten, stress- und konkurrenzfreien Zusammenlebens werden kreative und innovative Lösungen möglich, dort kommt es zur Herausbildung neuer Potenziale, dort wird die spielerische Weiterentwicklung und Neukombination bereits angelegter Reaktions- und Beziehungsmuster möglich. Nicht unter Druck, sondern im unbekümmerten freien Zusammenspiel erfindet das Leben sich immer wieder neu, bilden die sich entwickelnden Lebensformen zunehmend komplexere innere Strukturen und Interaktionsmuster aus und gehen immer engere und komplexere Wechselbeziehungen mit anderen Lebensformen ein. Auch hier wieder nicht so sehr bei den Alten, bereits Erwachsenen, sondern bei den Jungen und Jüngsten, die noch viel offener und beziehungsfähiger sind.

Je weiter die Entwicklung des Lebens aus unserer Erde in dieser Weise voranschritt, desto differenzierter und vom zuvor erreichten Entwicklungsstand abhängiger wurden die jeweils neu hinzukommenden Lebensformen. Aus den anfangs noch sehr einfachen Bauplänen für die schnell wachsenden und sich rasch vermehrenden Einzeller entstanden so immer kompliziertere genetische Muster für den Aufbau langsamer wachsender und sich weniger rasch vermehrender, dafür aber immer komplexer strukturierter Vielzeller. Aus den primitiven Nervensystemen der ersten Tiere entstand das komplizierte, lernfähige Gehirn des Menschen mit der Fähigkeit, selbst innere Muster in Form von Ideen und Vorstellungen zu erzeugen, diese an andere Menschen weiterzugeben und an nachfolgende Generationen zu überliefern.

So wurde das ursprünglich von DNA-kodierten Mustern gelenkte, noch rein stoffliche Wachstum zu einem nichtstofflichen, durch die Verbreitung von inneren, das Denken, Fühlen und Handeln bestimmenden Vorstellungen gelenktes, geistiges Wachstum. Die von den ersten Lebensformen entwickelte Fähigkeit, DNA-verankerte Erfahrungen zu übernehmen, zu erweitern, zur Lenkung des eigenen Wachstums und zur Aufrechterhaltung der eigenen inneren Ordnung zu nutzen, ist damit in eine neue Qualität umgeschlagen: Das bis dahin sichtbare und messbare Wachstum wurde zu einem immateriellen, nicht sichtbaren und nicht messbaren Wachstum. So ist das Leben – wenngleich noch immer an materielle Strukturen gebunden – zu einem erkenntnisgewinnenden, geistigen Wachstumsprozess geworden.

Damit hat die Evolution des Lebendigen mit der Herausbildung immer komplexer werdender Gehirne einen Weg gefunden, der unbegrenztes Wachstum ermöglicht, ohne dass uns durch ein immer größer werdendes Gehirn irgendwann der Schädel platzt: Was ewig weiter wachsen kann, ist das Ausmaß der Verknüpfungen, die Intensität der Beziehungen der Nervenzellen untereinander.

Die wichtigste Voraussetzung dafür, dass ein in dieser Weise immer stärker vernetztes Gehirn entstehen konnte, musste allerdings unterwegs, auf einem langen und störanfälligen evolutionären Entwicklungsprozess erst allmählich geschaffen werden. Denn um ein solch komplexes Beziehungsgefüge der Nervenzellen im Gehirn herausbilden zu können, bedurfte es nicht nur der dafür erforderlichen genetischen Anlagen. Es musste auch sichergestellt werden, dass möglichst viele der unter der Wirkung dieser genetischen Programme zunächst herausgeformten Vernetzungs- und Verknüpfungsoptionen von Nervenzellen in den verschiedenen Bereichen des sich entwickelnden Gehirns auch tatsächlich genutzt und dadurch stabilisiert werden konnten. Dazu mussten die Nachkommen während der Phase ihrer Hirnentwicklung nicht nur in eine Lebenswelt hineinwachsen, die ihnen ein möglichst reichhaltiges Spektrum an unterschiedlichsten Erfahrungen bot. Sie mussten gleichzeitig auch vor störenden Einflüssen geschützt werden, die die Ausgestaltung der in ihrem Gehirn angelegten Verknüpfungsoptionen in eine bestimmte Richtung drängten und sie zu frühen Spezialisierungsleistungen zwangen. Am reichhaltigsten wird der Erfahrungsraum für die Individuen einer bestimmten Art immer dann, wenn es ihnen gelingt, Gemeinschaften zu bilden, in denen individuell gemachte Erfahrungen untereinander ausgetauscht und an die jeweiligen Nachkommen weitergegeben werden können. Dazu müssen die Mitglieder einer solchen Gemeinschaft durch ein emotionales Band, durch ein Gefühl der Zusammengehörigkeit miteinander verbunden sein. Und der Schutz der Nachkommen vor störenden, ihre Hirnentwicklung zu schnell in bestimmte Spezialisierungen zwingenden äußeren Einflüssen lässt sich nur gewährleisten, wenn die erwachsenen Mitglieder einer solchen Gemeinschaft und insbesondere die Eltern dieser Nachkommen mit einem engen emotionalen Band, einem Gefühl bedingungsloser Liebe mit ihren Kindern verbunden sind.

All das beginnen die Biologen, insbesondere die Entwicklungsbiologen, in den letzten Jahren immer besser zu verstehen. Auf der Grundlage ihrer Erkenntnisse wird es deshalb nun erstmals möglich, die Herausbildung dieses Gefühls der Verbundenheit auch mit einem naturwissenschaftlichen Ansatz zu beschreiben.

Das Gehirn rostet nicht

In unserem Kulturkreis erleben wir seit einigen Jahrzehnten eine Phase, in der die durchschnittliche Lebenserwartung der Menschen kontinuierlich ansteigt. Verantwortlich dafür ist eine allgemeine Verbesserung der Lebensbedingungen und der medizinischen Versorgung. Wenn Menschen nicht mehr im Krieg umkommen und durch Fehl- und Unterernährung geschwächt sind, sondern bei Unfällen und Krankheiten medizinisch versorgt werden – und wenn Frauen das Kindbett und Kinder die ersten Lebensjahre besser überstehen, steigt automatisch die durchschnittliche Lebenserwartung für die Mitglieder der betreffenden Population. In den hoch entwickelten Industriestaaten steigt aber auch die Anzahl derjenigen Menschen, die ein hohes Alter erreichen. Diese Entwicklung ist allein mit der Verbesserung der Lebensbedingungen und der medizinischen Versorgung nicht so leicht zu begründen. Denn diejenigen Personen, die ein sehr hohes Lebensalter erreichen, zeichnen sich gegenüber dem Durchschnitt der Bevölkerung nicht dadurch aus, dass sie ein besonders bequemes Leben in Wohlstand geführt oder besonders intensive medizinische Versorgungsleistungen in Anspruch genommen haben. Wer sehr alt wird, verdankt das weder der allgemeinen Verbesserung der Lebensbedingungen noch dem medizinischen Fortschritt. Damit stellt sich die Frage, weshalb es heute bei uns inzwischen so viel mehr hochbetagte Menschen gibt als noch vor 50 Jahren.

Im Kontext unserer gegenwärtigen Denkmuster ist diese Frage nur schwer zu beantworten. Diese Denkmuster sind noch immer stark geprägt von der im letzten Jahrhundert entstandenen und in den Gehirnen der meisten Menschen tief verankerten Vorstellung, der menschliche Organismus funktioniere so ähnlich wie eine besonders komplex aufgebaute Maschine. Dazu gehört der Glaube, unsere genetischen Anlagen seien – ähnlich wie die Baupläne für die Konstruktion von Autos, Waschmaschinen und Flugzeugen – dafür verantwortlich, dass sich die verschiedenen Organe und Organsysteme in exakt vorbestimmter Weise herausbilden. Selbstverständlich müsste es dann optimale und weniger optimale Baupläne für die Entwicklung eines gesunden, leistungsfähigen Organismus geben und im Verlauf der Nutzung der verschiedenen Organe und Organsysteme sollte es dann – wie man das bei Maschinen ja zur Genüge kennt – zu entsprechenden Abnutzungserscheinungen und Defekten kommen. Diese im normalen Betriebsmodus des Körpers unvermeidbaren, bei manchen Personen früher, bei manchen später zutage tretenden Defekte sollten sich – wie das auch bei Maschinen der Fall ist – durch entsprechende Reparaturen beheben lassen.

So entstand ein medizinisches System, das seine vorrangige Aufgabe in der Behebung von Störungen einzelner Organe und Organfunktionen sah, die im Laufe des Lebens und mit zunehmendem Alter immer häufiger auftraten. Dieses von den Denkmustern des Maschinenzeitalters geprägte Reparaturdenken beherrscht noch heute weite Teile unserer medizinischen Versorgungssysteme. Es war enorm erfolgreich und hat dazu geführt, dass die meisten Menschen daran glauben, dass alles, was in ihrem Körper aus irgendeinem Grund nicht richtig funktioniert, irgendwie wieder repariert werden könne. Diese Vorstellung gilt auch für das komplizierteste und deshalb wohl auch störanfälligste Organ, das wir besitzen: unser Gehirn. Die meisten Menschen glauben, dass es ganz natürlichen Abnutzungs- und Degenerationsprozessen zuzuschreiben ist, wenn ihr Gehirn im Alter zunehmend seine Leistungsfähigkeit verliert. Und sie erhoffen sich von der medizinischen Forschung, insbesondere von der Neurobiologie, dass sie Mittel und Wege findet, um diese Leistungseinbußen zu reparieren.

Es gab bisher weder einen triftigen Grund noch irgendeine Veranlassung, dieses mechanistische Selbstbild *nicht* auf das menschliche Gehirn zu übertragen. Und es war klar, dass sich dessen Störung und Abnutzungserscheinungen am nachhaltigsten auf unsere Lebensqualität und unsere Gesundheit auswirkten. Also wurde und wird noch heute mit allen Mitteln der medizinischen Kunst zu verhindern versucht, dass es im Gehirn älterer Menschen – wie bei alten Maschinen – zur Rostbildung kommt.

Rostbekämpfung im Hirn

Den gegenwärtigen Stand dieser Forschungen mag stellvertretend für viele andere ähnlich lautende Berichte die folgende Pressemeldung veranschaulichen:

Wie das »Lernen können« im Alter ausgeschaltet wird

Die meisten Menschen müssen sich mit zunehmendem Alter mit Einschränkungen ihres Lernvermögens arrangieren. Alter ist auch der wichtigste Risikofaktor für Alzheimer. Dabei ist in den wenigsten Fällen eine vererbte Form von Alzheimer der Grund dafür, sondern die »erworbene« Variante. Eine ursächliche Behandlung gibt es für beide Formen bislang nicht. Göttinger Neurowissenschaftler vom European Neuroscience Institut (ENI-G) zeigen jetzt neue Wege für eine mögliche Behandlung auf. In ihrer neuesten Studie beschreibt das Forscherteam unter der Leitung von Dr. André Fischer erstmals, das eine veränderte Umwelt-Genominteraktion zum Verlust von Lernvermögen im Alter führt, und sie klären den Mechanismus auf. Gefunden haben die Forscher eine Art Schalter für das »Lernen können«. Dieser ist schon zu Beginn der zweiten

Lebenshälfte »dereguliert« und damit quasi auf »Aus« gestellt. Das Forscherteam ist davon überzeugt, damit einen Ansatzpunkt für eine in der Zukunft mögliche »Pille gegen Altersdemenz« gefunden zu haben.

Erst ein moderner Forschungsansatz hat den Göttinger ENI-Forschern zu den jüngsten Erkenntnissen verholfen. Dieser berücksichtigt Erkenntnisse der »Epigenetik«. Danach beeinflussen vor allem Faktoren der Umwelt, ob und welche Gene des verfügbaren Erbguts »reguliert«, das heißt, ein- oder aus-, runter- oder hochgeschaltet, werden. Die vermittelnden Schaltstellen für diese Umwelt-Genominteraktion liegen nicht in den Genen oder der Erbsubstanz, sondern in der dreidemensionalen Verpackungsstruktur der Gene. Vermittelt wird die molekulare Interaktion zwischen Umwelt und Genom von »Histonen« oder »Histonproteinen«. Impulse aus der Umwelt bewirken an diesen Proteinen je nach Impuls unterschiedliche molekulare Veränderungen, die »Modifikationen«. Ein solcher wichtiger epigenetischer Mechanismus ist die »Histonacetylierung«, wobei Acetylgruppen an bestimmten Stellen der Histone angehängt werden. Genau diese »Histonacetylierung« spielt in den aktuellen Forschungsergebnissen der Göttinger Neurowissenschaflter eine zentrale Rolle.
(Quelle: Universitätsmedizin Göttingen, Presse- und Öffentlichkeitsarbeit, in: Nervenheilkunde, September 2010).

So zutreffend diese Beobachtungen und wissenschaftlichen Beschreibungen auch sein mögen, so sehr bleiben sie in den alten Denkmustern gefangen. Zwar wird jetzt festgestellt, dass Alzheimer-Demenzen doch nur in wenigen Fällen eine genetische Ursache haben, sondern erworben sind. Aber wenn es nun in den Nervenzellen einen Schalter gibt, der das »Lernen können« schon zu Beginn der zweiten Lebenshälfte unterdrückt, wäre es interessant zu wissen, wodurch dieser »Schalter« umgelegt wird. Und wenn dafür »Umweltfaktoren« verantwortlich gemacht werden, so stellt sich natürlich die Frage, um was für Faktoren es sich dabei handelt. Wenn diese Umweltfaktoren auf die »dreidimensionale Verpackungsstruktur der Gene« wirken und die Interaktion zwischen Histonen und Impulsen aus der Umwelt stören und zu einer verstärkten »Histonacetylierung« führen, so wird doch diese Erkenntnis erst dadurch interessant, dass man erfährt, was für Einflüsse aus der Umwelt einen derartigen Effekt haben …

Auf all diese Fragen liefern solche Beiträge deshalb keine Antworten, weil die Forscher nach etwas ganz anderem suchen. Sie haben nicht die Frage im Blick, wie Menschen leben müssten, damit sie bis ins hohe Alter geistig fit bleiben, sondern sie sind auf der Suche nach einer »Pille gegen Altersdemenz«. Wer solche Medikamente entwickelt, braucht Interessenten, die diese Pillen vermarkten. Und um dabei möglichst hohe Gewinne zu erzielen, ist es vorteilhaft, wenn es für solche Pillen möglichst viele Kunden gibt. Welches Interesse sollten also auf die Entwicklung und den Verkauf von solchen Pillen ausgerichtete Personen daran haben, dass Menschen ein Leben führen, das es ihnen ermöglicht, bis ins hohe Alter geistig fit und aktiv zu bleiben?

Es gibt freilich auch Erkenntnisse über Möglichkeiten zur Aufrechterhaltung geistiger Fitness im Alter, die nichts mit Reparaturmaßnahmen zu tun haben und nicht von wirtschaftlichen Interessen geleitet sind. Die Verbreitung solcher Befunde ist allerdings nicht so einfach. Sie passen nicht so recht zu den vorherrschenden Denkmustern einer breiten Öffentlichkeit und der für die Verbreitung solcher Erkenntnisse maßgeblichen Multiplikatoren. Aus ihnen lassen sich keine Gewinne schöpfen, und meist erntet man dafür auch keine besondere Anerkennung. Oft bestätigen sie, was die meisten Menschen bisher ohnehin schon geahnt, wenn nicht gar befürchtet hatten: dass es für die Aufrechterhaltung geistiger Leistungsfähigkeit bis ins hohe Alter günstigere und ungünstigere Lebensbedingungen, günstigere und ungünstigere Lebensstile und Verhaltensweisen, günstigere und ungünstigere innere Einstellungen und Haltungen gibt.

Die Herausformung und die Bedeutung innerer Einstellungen, Haltungen und Überzeugungen

Die äußeren Lebensbedingungen, die Menschen eines bestimmten Kulturkreises auf einer bestimmten Stufe ihrer kulturellen, sozialen und ökonomischen Entwicklung vorfinden, sind historisch entstanden und diese »Umwelt« ist vom Einzelnen kaum beeinflussbar. Aber Menschen bewerten die Verhältnisse, die sie vorfinden, also die »Umwelt«, in der sie leben, individuell sehr unterschiedlich. Ausschlaggebend für diese subjektiven Bewertungen sind die von einer Person im Lauf ihres Lebens gemachten Erfahrungen. Es gibt Personen, die – z. T. sogar bereits sehr früh – die Erfahrung machen mussten, dass sie von anderen abgelehnt oder gar abgewertet wurden, dass ihre Fähigkeiten und ihre Leistungen nicht gewürdigt wurden, dass sie am Lernen in der Schule oder im Beruf wenig Freude hatten und dass sie in ihrer Arbeit und in ihren Beziehungen nur wenig Erfüllung finden konnten. Diese ungünstigen Erfahrungen werden zusammen mit den dabei aufgetretenen unangenehmen Gefühlen in ihrem Frontalhirn in Form so genannter »erfahrungsabhängig herausgeformter neuronaler Verschaltungsmuster« strukturell verankert.

Immer wieder in ähnlichen Kontexten gemachte Erfahrungen bzw. die dadurch im Frontalhirn stabilisierten Verschaltungsmuster verdichten sich dabei zu einer »Metaerfahrung«. Die nennen wir im Deutschen »innere Einstellung« oder »innere Überzeugung« oder »Haltung«, im Englischen *Mindset*.

Diese einmal entstandenen und strukturell im Frontalhirn verankerten Haltungen und Einstellungen bestimmen anschließend darüber, wie die betreffende Person die in ihrer jeweiligen

Lebenswelt vorgefundenen äußeren Bedingungen künftig bewertet, was ihr also gefällt, was sie ablehnt, wofür sie sich interessiert und was ihr wichtig ist, worum sie sich kümmert und was sie nicht weiter beachtet. Es gibt keine objektive »Umwelt«, die das Leben eines Menschen bestimmt. Was wir »Umwelt« nennen, ist immer abhängig von unserer subjektiven Bewertung. Deshalb kann durch diese »Umwelt« im Gehirn auch kein »Schalter« umgelegt werden, der dazu führt, dass ein Mensch seine angeborene Lust am Lernen und am eigenen Denken verliert. Immer sind es die in einer bestimmten Lebenswelt bisher gemachten subjektiven Erfahrungen und die daraus abgeleiteten subjektiven Bewertungen, die darüber entscheiden, was einem Menschen in seiner jeweiligen Lebenswelt bedeutsam und wichtig ist, wofür er sich interessiert, was er wahrnimmt und was er übersieht, worum er sich kümmert und was ihn kalt lässt.

Die im Lauf des bisherigen Lebens von einem Menschen gemachten Erfahrungen und die daraus entstandenen Haltungen bestimmen aber nicht nur seine Bewertungen all dessen, was in seiner »Umwelt« geschieht. Sie bestimmen auch sein Denken, und sie bestimmen sein Verhalten. Es gibt Menschen, die die Erfahrung machen konnten, dass sie einen Körper haben, den sie lenken können, der ihnen wichtig ist, um den sie sich kümmern, den sie pflegen und mit dem sie achtsam umgehen. Solche Menschen haben Freude an ihrem eigenen Körper und all dem, was sie mit ihm machen, was sie von ihm empfangen können. Sie lieben es, sich selbst zu spüren und sind empfänglich für die Signale, die aus ihrem Körper kommen. Sie lenken ihr Verhalten so, dass sie ein gutes Körpergefühl haben. Das ist das Ergebnis einer Haltung, nicht eines krampfhaften Bemühens. Solche Menschen essen nicht mehr, als ihnen gut tut, sie ernähren sich so, dass sie sich in ihrem Körper wohl fühlen. Solche Menschen lieben es, sich bis ins hohe Alter zu bewegen und körperlich fit zu bleiben – nicht weil sie das in Büchern und von Ratgebern so empfohlen bekommen, sondern weil es Ausdruck ihrer inneren Haltung ist.

Ebenso gibt es Menschen, die die Erfahrung gemacht haben, dass es ihnen nicht nur gut tut, wenn sie auf ihren Körper achten, sondern dass es auch ein sehr angenehmes und erfüllendes Gefühl ist, wenn sie ihre Beziehungen zu anderen Menschen so gestalten, dass es ihnen – und diesen anderen Menschen – gut tut. Sie suchen nicht ständig an anderen Personen nach etwas, was ihnen widerstrebt und was sie ablehnen. Sie versuchen bei diesen anderen Personen immer wieder irgendetwas zu entdecken, was sie mögen und was ihnen gefällt. Sie sind deshalb bereit und es fällt ihnen leicht, Kontakte zu anderen zu knüpfen und gute Beziehungen zu ihnen aufzubauen. Ihre Freundlichkeit und Offenheit gegenüber anderen Menschen ist keine krampfhaft eingeübte Verhaltensweise, sondern Ausdruck einer inneren Haltung, die ihr Verhalten zu diesen anderen Menschen bestimmt. Und die ist nicht angeboren. Die ist durch entsprechende Erfahrungen entstanden.

Schließlich gibt es Menschen, die im Lauf ihres Lebens die Erfahrung machen konnten, dass es ihnen immer wieder gelungen ist, zu verstehen, was in ihnen und in der Welt, in der sie leben, geschieht. Meist haben diese Menschen es auch in schwierigen Situationen geschafft, ihre Gestaltungskraft nicht zu verlieren. Sie sind so zu der Überzeugung gelangt, dass sie etwas bewirken können. Und nicht zuletzt haben viele dieser Menschen auch die Erfahrung machen können, dass ihr Leben einen Sinn hat, dass sie zu etwas beitragen können, das größer und bedeutender ist als sie selbst. Daraus ist bei ihnen die Überzeugung gewachsen, dass es in dieser Welt etwas gibt, was sie hält und trägt und ihrem Leben Sinn verleiht. Auch das ist Ausdruck einer Haltung und lässt sich nicht dadurch herbeiführen, dass man krampfhaft zu meditieren oder zu beten versucht oder sich von spirituellen Lehrern empfohlene Verhaltensweisen zu eigen macht.

Haltungen, innere Einstellungen und Überzeugungen, die das Einrosten des Gehirns verhindern

Bemerkenswert an diesen, im Lauf des Lebens aufgrund der individuell von jedem Menschen gemachten und im Frontalhirn verankerten Erfahrungen und der daraus entstandenen inneren Einstellungen, Haltungen und Überzeugungen ist der Umstand, dass man sie weder sehen noch messen kann. Sie äußern sich ja erst durch die Art und Weise, wie eine Person all das, was ihr im Leben begegnet, bewertet, und wie sie sich in bestimmten Situationen oder im alltäglichen Leben verhält.

Es gibt eine Vielzahl von Untersuchungen, die belegen, was jeder Mensch im Innersten seines Herzens weiß und was dennoch so vielen Menschen aufgrund der von ihnen gemachten Erfahrungen und der daraus entstandenen Haltungen so unendlich schwer fällt:

- weniger zu essen und sich sorgfältig zu überlegen, was man isst,
- sich mehr zu bewegen und die Möglichkeiten zur Steuerung des eigenen Körpers, auch der eigenen Beweglichkeit zu erkunden,
- sich an der Vielfalt und Schönheit der Welt zu begeistern,
- sich die Freude am eigenen Nachdenken, am eigenen Entdecken und Gestalten, am Lernen und an der eigenen Weiterentwicklung nicht durch andere verderben zu lassen,
- sich nicht an dem zu orientieren, was andere für wichtig halten, sondern das zu tun, was man selbst für wichtig erachtet, was einem selbst wirklich gut tut,
- sich nicht davon abbringen zu lassen, nach dem Sinn seines Lebens zu suchen und ein Leben zu führen, dass dieser Sinngebung entspricht,
- die Beziehungen zu anderen Menschen so zu gestalten, dass man mit diesen anderen gemeinsam über sich hinauswach-

sen kann, statt sie zu benutzen, um sich in seiner Bedürftigkeit selbst zu stärken.

Für all das braucht man keine Medikamente, all das geht von ganz allein, wenn man sich öffnet und frei macht, um das wiederzufinden, was wir im Lauf unseres Lebens unter den gegenwärtig herrschenden Verhältnissen leider allzu leicht verlieren: die Freude am eigenen Entdecken und Gestalten, die wir alle schon bei unserer Geburt mit auf die Welt gebracht haben.

Es ist nie zu spät für eine neue Erfahrung

Die wohl in jeder Hinsicht interessanteste und in ihrer Tragweite bisher kaum verstandene Erkenntnis, die die Hirnforscher in den letzten Jahren zutage gefördert haben, lässt sich in einem Satz zusammenfassen: Unser Gehirn – das komplexe Gefüge von neuronalen Verschaltungsmustern und synaptischen Netzwerken in unserem Gehirn – passt sich immer wieder neu an die Art und Weise an, wie und wofür wir es mit Freude und Begeisterung benutzen. Immer dann, wenn wir etwas wahrnehmen, erleben, denken oder tun, was uns erfreut oder beglückt, kommt es zu einer Aktivierung der emotionalen Zentren in den tieferen Bereichen des Gehirns. Dort befinden sich Nervenzellgruppen mit langen Fortsätzen, die in alle anderen Bereiche des Gehirns reichen und an deren Enden immer dann, wenn diese Nervenzellgruppen aktiviert werden – wenn wir uns also über etwas freuen oder von etwas begeistert sind – ein Schwall so genannter neuroplastischer Botenstoffe freigesetzt wird. Diese neuroplastischen Botenstoffe führen in nachgeschalteten Neuronenverbänden zur Aktivierung einer rezeptorvermittelten intrazellulären Signaltransduktionskaskade, die bis in den Zellkern hineinreicht und dort die Abschreibung von DNA-Sequenzen in Gang setzt. Aus diesen werden anschließend Eiweiße gebildet, die für das Auswachsen von

Fortsätzen, für das Knüpfen und die Verstärkung synaptischer Kontakte gebraucht werden.

Mit anderen Worten: Immer dann, wenn man sich für etwas begeistern kann, wird im Hirn eine Art Gießkanne in Gang gesetzt, die einen Dünger freisetzt, der die im Zustand der Begeisterung besonders intensiv genutzten neuronalen Netzwerke zum Wachsen bringt. Begeisterung ist also Dünger fürs Hirn, und wenn der nicht mehr freigesetzt wird, weil man sich für nichts mehr interessiert, sich an nichts mehr erfreut und sich für nichts mehr begeistert, dann ändert sich auch nichts mehr im Hirn. Kleine Kinder begeistern sich noch fünfzigmal am Tag. Deshalb können sie auch so viel lernen.

Leider bietet die Welt, in der wir leben und in die unsere Kinder hineinwachsen, für die meisten Menschen, je älter sie werden, immer weniger Gelegenheiten für Freude und Begeisterung. Nur wenigen gelingt es, ihre angeborene Entdeckerfreude und Gestaltungslust bis ins hohe Alter zu bewahren. Sie bilden die Ausnahmen. An ihnen müssten wir uns orientieren, von ihnen müssten wir lernen, sie müssten wir fragen, wie es ihnen gelungen ist, den »Schalter« in ihrem Hirn umzulegen, der das Einrosten verhindert.

Die Bedeutung von Gefühlen
für das Lernen

Keine andere Spezies kommt mit einem derart offenen, lernfähigen und durch eigene Erfahrungen in seiner weiteren Entwicklung und strukturellen Ausreifung formbaren Gehirn zur Welt wie der Mensch. Nirgendwo im Tierreich sind die Nachkommen beim Erlernen dessen, was für ihr Überleben wichtig ist, so sehr und über einen vergleichbar langen Zeitraum auf Fürsorge und Schutz, Unterstützung und Lenkung durch die Erwachsenen angewiesen, und bei keiner anderen Art ist die Hirnentwicklung in solch hohem Ausmaß von der emotionalen, sozialen und intellektuellen Kompetenz dieser erwachsenen Bezugspersonen abhängig wie beim Menschen. Da diese Fähigkeiten bei den Erwachsenen, die für die Gestaltung der Entwicklungsbedingungen eines Kindes maßgeblich sind, unterschiedlich gut entwickelt sind, können die genetischen Potenzen zur Ausformung hoch komplexer, vielseitig vernetzter Verschaltungen im Gehirn der betreffenden Kinder nicht immer in vollem Umfang entfaltet werden. Die Auswirkungen suboptimaler Entwicklungsbedingungen werden allerdings meist erst dann sichtbar, wenn die heranwachsenden Kinder Gelegenheit bekommen, ihre emotionale, soziale und intellektuelle Kompetenz unter Beweis zu stellen, z. B. in der Schule.

Sogar bei Ratten ist inzwischen empirisch nachgewiesen worden, dass Defizite in der »Erziehung« über Generationen weitergegeben werden. Der Versuch, diese recht eindeutigen tierexperimentellen Befunde auf den Menschen zu übertragen, stößt gegenwärtig jedoch noch immer auf erhebliche Akzeptanzprobleme. Verantwortlich hierfür sind die im vergangenen Jahrhundert entwickelten deterministischen Vorstellungen einer primär durch genetische Programme gesteuerten Hirnentwicklung, die sich fest im Bewusstsein breiter Bevölkerungsschichten verankert haben und zu tragenden Säulen medizinischer, biologischer, psychologischer und sogar soziologischer Theoriegebäude geworden sind.

Vor allem durch Erkenntnisse auf dem Gebiet der Entwicklungsneurobiologie und der Entwicklungspsychologie, der Bindungs- und Säuglingsforschung sind diese Säulen inzwischen ins Wanken geraten. Verschiedene bisher vertretene, aber nicht wissenschaftlich überprüfte Annahmen haben sich als fatale Irrtümer erwiesen. Das gilt für die lange Zeit aufrechterhaltene und bis heute vorgenommene Trennung zwischen der Hirnentwicklung und der Entwicklung des Verhaltens, Denkens und Fühlens, ja selbst des Gedächtnisses, ebenso wie für die Vorstellung, dass der Prozess der strukturellen Ausreifung des menschlichen Gehirns gegen Ende des dritten Lebensjahres weitgehend abgeschlossen sei. Inzwischen ist deutlich geworden, wie eng die Entwicklung dieser Funktionen an die Ausformung und Reifung cerebraler Strukturen gebunden ist. Um diese Strukturen ausbilden zu können, suchen und brauchen bereits Neugeborene die lebendige Interaktion mit anderen Menschen. Die bereits intrauterin entstandenen neuronalen Verknüpfungen bilden nur ein vorläufiges Muster für einen noch kontext- und nutzungsabhängig herauszuformenden späteren Zustand. Durch neue Wahrnehmungen werden die dabei synchron aktivierten neuronalen Netzwerke miteinander verknüpft. Immer dann, wenn später die gleichen neuronalen Netze erneut aktiviert werden, kommt es zum »Wiedererkennen« der betreffenden Wahrnehmung.

In den letzten zehn Jahren ist es vor allem mit Hilfe der so genannten bildgebenden Verfahren gelungen nachzuweisen, welch nachhaltigen Einfluss frühe Erfahrungen darauf haben, welche Verschaltungen zwischen den Milliarden Nervenzellen besonders gut gebahnt und stabilisiert und welche nur unzureichend entwickelt und ausgeformt werden.

Neue Erfahrungen, die ein Mensch im Laufe seines Lebens macht – und dafür haben Molekularbiologen inzwischen zahlreiche Belege zusammengetragen – wirken bis auf die Ebene der Gene. Sie führen dazu, dass z. B. Nervenzellen damit beginnen, neue Gensequenzen abzuschreiben und andere stillzulegen. Neue Erfahrungen verändern also die Genexpression. Im Gehirn geschieht das bis ins hohe Alter und bildet die Grundlage für die lebenslange Plastizität und Lernfähigkeit dieses Organs. Allerdings machen wir die meisten Erfahrungen nicht am Ende, sondern am Anfang unserer Entwicklung. Während dieser Phase ist die erfahrungsabhängige Neuroplastizität – und damit die erfahrungsabhängige Modulation der Genexpression – zumindest im Gehirn am stärksten ausgeprägt.

Nie wieder im späteren Leben ist ein Mensch so offen für neue Erfahrungen, so neugierig, so begeisterungsfähig und so lerneifrig und kreativ wie während der Phase der frühen Kindheit. Aber dieser Schatz verkümmert allzu leicht und allzu vielen Kindern geht ihr Entdeckergeist und ihre Lernfreunde bereits verloren, bevor sie in die Schule kommen. Die Ursache dieses allzu häufig zu beobachtenden Phänomens liegen nicht im Gehirn dieser Kinder.

Die besondere Formbarkeit des kindlichen Gehirns

Jedes Kind ist einzigartig und verfügt über einzigartige Potenziale zur Ausbildung eines komplexen, vielfach vernetzten und zeitlebens lernfähigen Gehirns. Ob und wie gut es ihm gelingt, diese Anlagen zu entfalten, hängt ganz wesentlich von den Entwicklungsbedingungen ab, die es vorfindet, und von den Erfahrungen, die es während der Phase seiner Hirnreifung machen kann. Jedes Kind braucht ein möglichst breites Spektrum unterschiedlichster Herausforderungen, um die in seinem Gehirn angelegten Verschaltungen auszubauen, weiterzuentwickeln und zu festigen, und jedes Kind braucht das Gefühl von Sicherheit und Geborgenheit, um neue Situationen und Erlebnisse nicht als Bedrohung, sondern als Herausforderung bewerten zu können. Beides gibt es nur in der intensiven Beziehung zu anderen Menschen, und es sind die frühen, in diesen Beziehungen gemachten und im kindlichen Hirn verankerten psychosozialen Erfahrungen, die seine weitere Entwicklung bestimmen und sein Fühlen, Denken und Handeln fortan lenken.

Es gibt Gehirne, bei denen durch genetische Programme genau festgelegt wird, wie sich die Nervenzellen miteinander zu verhalten haben. Mit einem derartig vorprogrammierten Gehirn ist es so gut wie unmöglich, später noch etwas hinzuzulernen. Solche Gehirne besitzen Schnecken, Würmer und Insekten. Andere Gehirne werden nicht ganz so streng genetisch determiniert. Die Verschaltungen der Nervenzellen sind hier nach der Geburt nicht endgültig ausgereift und deshalb noch eine Zeitlang durch individuelle Erfahrungen formbar. Solche initial programmierbaren Gehirne haben Vögel und Säugetiere. Ihre Jungen können von ihren Eltern lernen, worauf es im Leben ankommt, was man fressen kann, wo und wie man dieses Futter findet, auch wie die eigenen Artgenossen aussehen, wie man Gefahren vermeidet und welche Lebensräume und Brutplätze besonders geeignet sind. Je länger diese Phase früher Prägungen und enger Bindungen zwischen den Eltern und ihren Nachkommen andauert, desto mehr individuelle Erfahrungen können von diesen Nachkommen gemacht und in Form bestimmter Verschaltungen in ihrem Gehirn verankert werden. Am Ende dieser langen Entwicklungsreihe stehen Gehirne, deren Aufbau nur noch in jenen Bereichen durch genetische Programme vorbestimmt wird, die für das Überleben unbedingt erforderlich sind. Alle anderen Bereiche bleiben plastisch und sind durch die jeweiligen Nutzungsbedingungen nicht nur während der Phase der Hirnentwicklung, sondern zeitlebens formbar. Ein solches Gehirn besitzt nur der Mensch.

Wenn wir dem Prozess der Entwicklung des menschlichen Gehirns vor der Geburt und während der frühen Kindheit zuschauen könnten, würde uns wohl vor Faszination der Atem stillstehen. Wir würden sehen, dass dort – wie von einer unsichtbaren Hand gesteuert – zunächst Millionen und Abermillionen Nervenzellen durch Zellteilungen gebildet werden und sich zu Zellhaufen ordnen. Wir könnten aus diesen Nervenzellen auswachsende Fortsätze erkennen, die mit anderen Zellen in Kontakt treten und wir müssten zuschauen, wie ein erheblicher Teil dieser Nervenzellen einfach abstirbt und für immer verschwindet, weil es ihnen nicht gelingt, sich in ein Netzwerk einzuordnen und dort eine bestimmte Funktion zu übernehmen. Die verbliebenen Nervenzellen formieren sich anschließend zu deutlich voneinander abgegrenzten Verbänden, sogenannten Kerngebieten, und beginnen ein immer dichteres Netzwerk von Fasern und Fortsätzen innerhalb dieser Kerngebiete und zwischen diesen verschiedenen Kerngebieten herauszubilden.

Während dieser Phase, die sich in den einzelnen Bereichen des Gehirns in einer zeitlichen Reihenfolge von hinten (Hirnstamm) nach vorn (Stirnhirn) vollzieht, scheint es so, als ob sich jede Nervenzelle mit jeder anderen über so viele Kontakte wie nur irgendwie möglich verbinden wollte. Zu diesem Zeitpunkt (im Hirnstamm liegt er bereits vor der Geburt, im Stirnhirn wird er etwa im sechsten Lebensjahr erreicht) ist die Anzahl der Nervenzellkontakte (Synapsen) so groß wie niemals wieder im späteren Leben; denn wenn erst einmal alles mit allem verbunden ist, werden anschließend all jene Kontakte wieder zurückgebildet und aufgelöst, die nicht »gebraucht«, also nicht durch entsprechende Nutzung und Stimulation gefestigt und stabilisiert werden.

Ein Gefühl, das stark macht: Vertrauen

Kinder lernen immer, und sie lernen immer, indem sie sich zu dem, was sie erfahren und was es in der Welt zu entdecken gibt, in Beziehung setzen. Genau wie wir als Erwachsene, müssen auch Kinder versuchen, jede neue Wahrnehmung und jede neue Erfahrung an etwas anzuknüpfen, was bereits da ist, was sie schon wissen und können, was ihnen also bereits irgendwie vertraut ist. Und wie bei uns Erwachsenen ist auch die Bereitschaft von Kindern, sich auf etwas Neues einzulassen, etwas Neues anzuprobieren umso größer, je sicherer sie sind und je größer das Vertrauen ist, mit dem sie sich in die Welt hineinwagen. Jede Art von Verunsicherung, von Angst und Druck, erzeugt in ihrem Gehirn eine sich ausbreitende Unruhe und Erregung. Unter diesen Bedingungen können die dort über die Sinneskanäle eintreffenden Wahrnehmungsmuster nicht mit den bereits abgespeicherten Erinnerungen abgeglichen werden. Es kann so nichts Neues hinzugelernt und im Gehirn verankert werden. Oft wird die Erregung und das damit einhergehende Durcheinander im Kopf sogar so groß, dass auch bereits Erlerntes nicht mehr erinnert und genutzt werden kann. Das Einzige was dann noch funktioniert, sind ältere, sehr früh entwickelte und sehr fest eingefahrene Denk- und Verhaltensmuster. Das Kind fällt zurück in solche Verhaltensweisen, die immer dann aktiviert werden, wenn es anders nicht mehr weitergeht: Angriff (Schreien, Schlagen), Verteidigung (nichts mehr hören, sehen, wahrnehmen wollen, stur bleiben, Verbündete suchen) oder Rückzug (Unterwerfung, verkriechen, Kontaktabbruch). Jedes Kind verliert so seine Offenheit, seine Neugier und sein Vertrauen – und damit die Fähigkeit, sich auf Neues einzulassen. Dieser Zustand ist für Kinder genauso schwer auszuhalten wie für Erwachsene. Sie fühlen sich ebenso ohnmächtig und beschämt und reagieren mit Wut, Zorn oder gar mit Resignation auf die erlebte Enttäuschung.

Die Gefahr, dass Kinder in solche Situationen geraten, lässt sich nur dadurch abwenden, indem ihnen Gelegenheit geboten wird, genau das wiederzufinden, was sie mehr als alles andere brauchen, um sich mit anderen Menschen und dem, was sie in der Welt erleben, in Beziehung zu setzen: Vertrauen. Nichts ist in der Lage, das Durcheinander im Kopf besser aufzulösen und die zum Lernen erforderliche Offenheit und innere Ruhe wieder herzustellen, als dieses Gefühl von Vertrauen. Deshalb suchen alle Kinder enge Beziehungen zu Menschen, die ihnen Sicherheit bieten und ihnen bei der Lösung von Problemen behilflich sind, die ihnen nicht nur sagen, sondern selbst vorleben, worauf es im Leben ankommt, und ihnen auf diese Weise Orientierung bei der Entdeckung ihrer eigenen Möglichkeiten zur Gestaltung ihres Lebens bieten.

Die eigenen Eltern sind normalerweise diejenigen Personen, denen Kinder, wenn sie auf die Welt kommen, vorbehaltlos vertrauen. Wenn sich das Baby von ihnen verstanden fühlt und seine Bedürfnisse nach Nahrung, Wärme, Zärtlichkeit und Anregungen erfüllt werden, fühlt es sich in ihrer Gegenwart geschützt und geborgen. Diese Sicherheit bietende Bindungsbeziehung ist die Voraussetzung dafür, dass ein Kind bereits im ersten Lebensjahr so viel Neues aufnehmen, Neues ausprobieren, und die dabei gemachten Erfahrungen in seinem Hirn fest verankern kann. Die so entstandenen komplizierten Muster von Nervenzell-Verschaltungen ermöglichen es ihm, zunehmend komplizierte Bewegungen zu steuern, erste Zusammenhänge und Regeln zu erkennen und daraus eigene logische Schlüsse zu ziehen und entsprechend zu handeln. Damit diese anfangs noch sehr lockeren Verschaltungsmuster gefestigt werden können, brauchen Kinder viel Ruhe und Zeit zum aufmerksamen Beobachten und zum intensiven Üben und Ausprobieren. Kinder lernen am besten, wenn sie den Lernstoff selbst bestimmen können. Sie sind geborene Entdecker und genießen es, ihre Neugier auszuleben. Wer keine Fehler macht, kann auch nichts hinzulernen. Deshalb erschließen auch schon Kinder die Welt durch Versuch und Irrtum – und je häufiger sie die Erfahrung machen, dass sie bereits allein in der Lage sind, ein Problem zu lösen, desto stärker wächst ihr Selbstvertrauen, ihr Mut und ihre Sicherheit. Wenn sich dann noch jemand mit ihnen gemeinsam über jede gelungene Lösung freut, wächst auch ihr Vertrauen, dass sie selbst in der Lage sind, einen anderen Menschen glücklich zu machen. »Soziale Resonanz« nennen Hirnforscher dieses Phänomen der wechselseitigen Verstärkung von Gefühlen, das dazu führt, dass der Funke der Begeisterung überspringt.

Vertrauen ist das Fundament, auf dem alle unsere Entwicklungs-, Bildungs- und Sozialisierungsprozesse aufgebaut werden und das ein Kind auch später, wenn es erwachsen wird, mehr als alles andere braucht, um sich der Welt und anderen Menschen offen, ohne Angst und Verunsicherung zuwenden und auch schwierige Situationen meistern zu können. Dieses Vertrauen muss während der Kindheit auf drei Ebenen entwickelt werden,
- als Vertrauen in die eigenen Möglichkeiten, Fähigkeiten und Fertigkeiten zur Bewältigungen von Problemen,
- als Vertrauen in die Lösbarkeit schwieriger Situationen gemeinsam mit anderen Menschen und
- als Vertrauen in die Sinnhaftigkeit der Welt und ihr Geborgen- und Gehaltensein in der Welt.

Eltern, die selbst verunsichert sind oder ständig verunsichert werden, bieten die schlechtesten Voraussetzungen dafür, dass dieses Vertrauen wachsen kann. Was Kinder also stark oder schwach macht, hängt von den Stärken und Schwächen der Erwachsenen ab, unter deren Obhut sie aufwachsen.

Was Kinder schwach macht: Angst und Druck

Die Ausbildung sicherer Bindungsbeziehungen ist die erste und wichtigste Voraussetzung dafür, dass auch die weiteren Schritte eines langen und komplizierten Sozialisationsprozesses gelingen können. Im Verlauf dieses Prozesses lernt jedes Kind, sein Gehirn auf eine bestimmte Weise zu benutzen, indem es dazu angehalten, ermutigt oder auch gezwungen wird, bestimmte Fähigkeiten und Fertigkeiten stärker zu entwickeln als andere, auf bestimmte Dinge stärker zu achten als auf andere, bestimmte Gefühle eher zuzulassen als andere, also sein Gehirn allmählich so zu entwickeln, dass es sich damit in der Gemeinschaft, in die es hineinwächst, zurechtfindet. Damit es Kindern gelingt, sich im heutigem Wirrwarr von Anforderungen, Angeboten und Erwartungen zurechtzufinden, brauchen sie Orientierungshilfen, also äußere Vorbilder und innere Leitbilder, die ihnen Halt bieten und an denen sie ihre Entscheidungen ausrichten. Nur unter dem einfühlsamen Schutz und der kompetenten Anleitung durch erwachsene »Vorbilder« können Kinder vielfältige Gestaltungsangebote auch kreativ nutzen und dabei ihre eigenen Fähigkeiten und Möglichkeiten erkennen und weiterentwickeln. Nur so kann im Frontalhirn ein eigenes, inneres Bild von Selbstwirksamkeit stabilisiert und für die Selbstmotivation in allen nachfolgenden Lernprozessen genutzt werden.

Das Gehirn lernt immer, und es lernt das am besten, was einem Heranwachsenden hilft, sich in der Welt, in die er hineinwächst, zurechtzufinden und die Probleme zu lösen, die sich dort und dabei ergeben. Das Gehirn ist also nicht zum Auswendiglernen von Sachverhalten, sondern zum Lösen von Problemen optimiert. Und da fast alles, was ein heranwachsender Mensch lernen kann, innerhalb des sozialen Gefüges und des jeweiligen Kulturkreises direkt oder indirekt von anderen Menschen »bezogen wird« und der Gestaltung der Beziehungen zu anderen Menschen »dient«, wird das Gehirn auch nicht in erster Linie als Denk-, sondern als Sozialorgan gebraucht und entsprechend strukturiert.

Es ist beeindruckend, dass die moderne Hirnforschung inzwischen imstande ist, all diese Erkenntnisse aus objektiven, jederzeit wiederholbaren und nachprüfbaren Befunden abzuleiten. Sie kann mit Hilfe ihrer neuen Verfahren zeigen, wie regionale Netze aufgebaut und verknüpft werden, wie globalisierende Transmittersysteme die dort ablaufenden Aktivierungsprozesse verbinden und harmonisieren, wie sich Erregungsprozesse ausbreiten und auf tiefer liegende emotionale Zentren übergreifen, welche Botenstoffe dadurch vermehrt ausgeschüttet werden und wie diese Stoffe als Wachstumsfaktoren und als Regulatoren der Genexpression die Stabilisierung und Bahnung neuer Verschaltungsmuster ermöglichen und begünstigen. Es lässt sich inzwischen auch nachweisen, dass Angst, Stress, Überreizung und Überforderung die Herausformung komplexer Verschaltungen im kindlichen Gehirn ebenso behindern wie Unterforderung, mangelnde Anregungen, Verwöhnung oder Vernachlässigung.

Eines allerdings, worauf es wirklich ankommt, damit dieser komplizierte Entwicklungsprozess im Gehirn möglichst vieler Kinder gelingt, können Hirnforscher nicht: Sie können die Verhältnisse, die Beziehungsprobleme und die Rahmenbedingungen nicht ändern, unter denen Kinder in unserer gegenwärtigen Gesellschaft aufwachsen.

Nicht für die Schule,
sondern für das Leben wird gelernt

In der Pädagogik wie auch in der Öffentlichkeit hat sich – ausgehend von einer historisch entstandenen Überbewertung kognitiver Leistungen – die Vorstellung ausgebreitet, Lernen sei gleichbedeutend mit der Aneignung von Wissen und dem Erkennen von Zusammenhängen. Abgespeichert würden die in der Schule erworbenen Kenntnisse im »expliziten Gedächtnis«, von wo aus die betreffenden Wissensinhalte später mehr oder weniger gut abgerufen werden könnten. Auf der Grundlage dieser Vorstellung soll Schulunterricht dazu führen, explizite Wissensinhalte als Sachkenntnisse in den Gehirnen der Schüler zu verankern. Pädagogen missverstehen sich dabei als »Wissensvermittler«. Aus neurobiologischer Perspektive ist diese Vorstellung weder zutreffend noch brauchbar, um das zu beschreiben, was tatsächlich in den Köpfen der Schüler passiert, wenn sie im Unterricht sitzen, dem Unterricht folgen oder ihn über sich ergehen lassen:

Schülergehirne sind keine Fässer, die man mit Wissen füllen kann. Schüler nutzen ihr Gehirn ständig, um zu lernen. Allerdings lernen sie nicht unbedingt das, was Eltern, Lehrer oder Schulbehörden für wichtig halten.

Lernen ist ein aktiver Prozess, in dessen Verlauf es im Gehirn zur Bahnung und Stabilisierung von neuronalen Netzwerken und damit zur Verankerung und Erweiterung von Wissen, von Fähigkeiten und Fertigkeiten kommt. Dies geschieht allerdings nur dann, wenn Schüler den Erwerb dieser Kenntnisse für sich und ihre eigene Lebensgestaltung als bedeutsam erachten. Bedeutsam

ist für Schüler das, was ihnen »unter die Haut geht«: Gelernt wird von Schülern nur das, was einhergeht mit
- Aktivierung der bewussten Wahrnehmung,
- Fokussierung der Aufmerksamkeit und
- Aktivierung der emotionalen Zentren in den tieferen Bereichen des Gehirns.

Nur wenn diese emotionalen Zentren mit den dort liegenden Zellgruppen aktiviert werden, kommt es an den Enden ihrer Fortsätze zu einer verstärkten Ausschüttung neuroplastischer Botenstoffe. Wenn diese »Gießkanne« mit neuroplastischen Botenstoffen im Gehirn nicht eingeschaltet wird, kann auch nichts gelernt werden, können neues Wissen, neue Vokabeln, grammatikalische Regeln, mathematische Formeln nicht im Gehirn verankert werden.

Bedeutsamkeit

Das sich entwickelnde Gehirn und die sich dort herausbildenden Netzwerke strukturieren sich zunächst – bereits vorgeburtlich – anhand der aus dem eigenen Körper zum Gehirn weitergeleiteten Signalmuster. Deshalb ist das Gehirn eines jeden Neugeborenen optimal an die zur Aufrechterhaltung und Steuerung der in seinem Körper ablaufenden Prozesse angepasst. Zeitlebens bleibt das, was im eigenen Körper abläuft, bedeutsamer als das, was in der Außenwelt geschieht. Veränderungen der Außenwelt können nur über Veränderungen des eigenen Körperzustandes (vermittelt über Sinneszellen) wahrgenommen werden. Damit etwas gelernt werden kann, muss es körperlich spürbar werden, »unter die Haut gehen«. Das ist dann auch bedeutsam.

Was einem Kind am stärksten unter die Haut geht, sind Erfahrungen, die es in der Beziehung zu anderen Menschen macht. Was es am stärksten einschränkt, sind Störungen in der Beziehung zu all jenen Menschen, mit denen es sich besonders eng verbunden fühlt. Gestörte Beziehungen sind deshalb sehr bedeutsam und führen dazu, dass all das besonders gut gelernt wird, was dem Kind hilft, die damit verbundenen Schmerzen zu überwinden. Leider erweist sich fast alles, was ein Kind in diesem Bemühen lernt (es Eltern oder Lehrern recht zu machen oder auch die betreffenden Personen abzulehnen, sich von ihnen abzugrenzen, sie zu bekämpfen), langfristig als ungünstige Bewältigungsstrategien, die das Kind an der weiteren Entfaltung seiner Potenziale hindern. Dafür, für die Aufrechterhaltung seiner Offenheit, seiner Beziehungsfähigkeit, seiner ursprünglich unbeschränkten Entdeckerfreude und Gestaltungslust, wären also günstigere Beziehungserfahrungen wünschenswert. Sie werden vom Kind auch deshalb aktiv gesucht, weil sie so bedeutsam sind.

Enorm bedeutsam ist für jedes Kind und jeden Schüler die aufgrund seiner bisherigen Erfahrungen entstandene Erwartungshaltung. Die wichtigste Erfahrung, die jedes Kind am Anfang seines Lebens (zumindest vorgeburtlich) macht und die entsprechend tief in seinem Gehirn verankert wird, ist die Erfahrung engster Verbundenheit einerseits und die des eigenen Wachstums, der Zunahme der eigenen Fähigkeiten und Fertigkeiten andererseits. Aus ersterer Erfahrung erwächst die Erwartungshaltung oder die »Sehnsucht« nach Verbundenheit, aus letzterer die nach eigener Entfaltung, nach Autonomie und Freiheit. Bedeutsam ist deshalb alles, was eine dieser beiden Erwartungshaltungen verletzt. Dann muss das Kind – ähnlich wie bei einer gestörten Beziehung – nach Notlösungen suchen. Die schlechteste aller Lösungen, die dabei gelernt werden kann, ist die Selbstabwertung (»Ich bin nicht liebenswert«, »Ich bin zu blöd«).

Bedeutsam für Schüler sind auch Vorbilder, vor allem solche, die von allen gemocht werden und die scheinbar alles können, frei und autonom wirken. Von diesen subjektiv mit hoher Bedeutsamkeit bewerteten Vorbildern »lernen« Kinder alles: Sogar ihre Bewegungsmuster und Körperhaltungen werden übernommen, auch ihre Einstellungen und Bewertungen. Leider sind diese Vorbilder nicht automatisch auch die für die eigene weitere Entwicklung geeignetsten Personen.

Orientierung

Immer gibt es in der Gemeinschaft, in die Kinder hineinwachsen, auch Bedeutsamkeiten, die von allen geteilt werden, die dazugehören (wollen). Dadurch können aber auch Fähigkeiten und Fertigkeiten erworben werden, die ungünstig für die weitere Entwicklung sind, ihre Offenheit, Lernfreude und Beziehungsfähigkeit einschränken.

Erst ziemlich am Schluss dieser Rangordnung von Bedeutsamkeit kommt das, was in Elternhäusern und Schulen noch immer eingesetzt wird, um Lernprozesse zu befördern: das Versprechen einer Belohnung oder die Androhung einer Bestrafung. Der Einsatz dieser Strategien in Schulen hat Generationen von Schülern die Lust am eigenen Entdecken und Gestalten geraubt, sie von Gratifikationen abhängig gemacht oder das Lernen mit negativen Gefühlen verkoppelt, die bei vielen Eltern präsent sind und deren Einstellungen gegenüber Schule und Lernen noch immer bestimmen.

Damit es Kindern gelingt, sich im Wirrwarr von Anforderungen, Angeboten und Erwartungen zurechtzufinden, brauchen sie Orientierungshilfen, also äußere Vorbilder und innere Leitbilder, die ihnen Halt bieten und an denen sie ihre Entscheidungen ausrichten. Nur unter dem einfühlsamen Schutz und der kompetenten Anleitung durch erwachsene Vorbilder können Kinder vielfältige Gestaltungsangebote auch kreativ nutzen und dabei ihre eigenen Fähigkeiten und Möglichkeiten erkennen und weiterentwickeln. Nur so kann im Frontalhirn ein eigenes, inneres Bild von Selbstwirksamkeit stabilisiert und für die Selbstmotivation in allen nachfolgenden Lernprozessen genutzt werden.

Die interessantesten und für die weitere Nutzung und Strukturierung des Gehirns maßgeblichsten Lernerfahrungen werden in den höchsten und am stärksten vernetzten assoziativen Bereichen des menschlichen Gehirns verankert. Eine herausragende Rolle spielt hierbei die präfrontale Rinde (Stirnlappen), diejenige Hirnregion, deren endgültige Verschaltungsmuster während der Individualentwicklung zuletzt herausgebildet wird und deren Strukturierung in besonderer Weise durch eigene Erfahrungen im Verlauf der frühen Kindheit durch Erziehung und Sozialisation bestimmt wird. Hier werden die neuronalen und synaptischen Netzwerke herausgeformt und stabilisiert, die für die höchsten Leistungen des menschlichen Gehirns entscheidend sind. So entsteht die Fähigkeit,
- eine Vorstellung von sich selbst (Selbstbild) und der eigenen Wirkungen (Selbstwirksamkeitskonzept) zu entwickeln,
- sich in andere Menschen hineinzuversetzen (sich ein Bild von anderen zu machen),
- Handlungen zu planen und eigene innere Impulse zu kontrollieren und in eine bestimmte Richtung zu lenken (sich ein Bild von dem zu machen, was man will).

Mit Hilfe dieser inneren Bilder entscheiden Schüler, was ihnen wichtig ist, womit sie sich beschäftigen, wofür sie sich einsetzen, worauf sie ihre Aufmerksamkeit fokussieren und wie sie ihre Vorstellungen umsetzen. Der Umstand, dass diese inneren Vorstellungsbilder bis heute in unserem Kulturkreis als belanglose, wirklichkeitsferne Illusionen und Konstrukte abgetan werden, zeigt, wie sehr die Macht dieser inneren Bilder gegenwärtig noch immer unterschätzt wird. Das gilt sowohl für die Kräfte, die durch derartige innere Bilder zur Gestaltung, Umgestaltung oder auch Zerstörung bestimmter Bereiche der äußeren Welt oder menschlicher Beziehungen freigesetzt werden. Das gilt aber auch für die Kraft, mit der diese Vorstellungsbilder die weitere Nutzung des Hirns der betreffenden Menschen bestimmen und damit nutzungsabhängige Strukturierungsprozesse in Gang setzen, die später nur schwer wieder auflösbar sind.

Die entscheidende Frage lautet also: Wie lässt sich eine deutliche Verbesserung der Kompetenzen erreichen, die (neben dem in der Schule erworbenen Wissen) entscheidend dafür sind, ob und wie junge Menschen die Herausforderungen der Ausbildung und im späteren Berufsleben annehmen und meistern können?

Das Fatale ist: Diese Metakompetenzen lassen sich nicht unterrichten. Verankert werden sie als komplexe Verschaltungsmuster im Stirnlappen, der sich im vorderen Großhirnbereich befindet. Die in anderen Hirnregionen gespeicherten Gedächtnisinhalte werden in diesen Netzwerken zu einem Gesamtbild zusammengefügt und mit den in tiefer liegenden Hirnbereichen entstandenen Signalmustern verglichen. Die so erhaltenen Informationen werden für alle bewussten Entscheidungsprozesse und zur Modifikation bestimmter Verhaltensweisen genutzt. Je nach Erfahrungsschatz und individueller Ausprägung dieser Kontrollfunktionen können verschiedene Menschen ihr Verhalten in einer Situation, die Initiative erfordert, unterschiedlich gut steuern. Als die Region des menschlichen Gehirns, die sich am langsamsten ausbildet, ist der Stirnlappen in seiner Entwicklung auch in besonders hohem Maße beeinflussbar durch das soziale Umfeld, in das ein Kind hineinwächst. Die dort angelegten neuronalen und synaptischen Verschaltungsmuster werden durch eigene Erfahrungen herausgeformt.

Die Fähigkeit oder Unfähigkeit, sich erfolgreich Herausforderungen zu stellen, ist also keineswegs angeboren oder gar zufällig. Metakompetenzen werden durch Lernprozesse gewonnen, die auf Erfahrung beruhen. Wie gut ihre Ausformung gelingt, liegt somit in der Hand derer, die das Umfeld eines jungen Menschen prägen und mit ihm in einer emotionalen Beziehung stehen.

Die Schule ist neben der Familie diejenige Einrichtung, die sich am besten dafür eignet, die Entwicklung dieser Metakompetenzen zu fördern.

Inspiration

Jede schwerwiegende Irritation oder Belastung erzeugt im Hirn eine sich ausbreitende Erregung, die dazu führt, dass nur auf der Ebene der besonders stabilen, durch bisherige Erfahrungen bereits gut gebahnten Verschaltungsmuster ein entsprechendes, handlungsleitendes Aktivierungsmuster aufgebaut werden kann. Deshalb führt jeder Leistungs-, Erwartungs-, Handlungs- oder sonstige Druck zum Rückfall in bereits bewährte Strategien, bisweilen sogar zu Reaktionen, die schon während der frühen Kindheit gebahnt worden sind.

Je größer der Druck und die dadurch sich im Gehirn ausbreitende Erregung wird, desto tiefer geht es also auf der Stufenleiter der noch aktivierbaren, handlungsleitenden Muster hinab. Das Verhalten wird einfacher. Weil im Hirn weniger regionale Netzwerke miteinander synchronisierbar sind und miteinander in Beziehung treten können, werden die Reaktionen auch entsprechend robuster und eindeutiger.

Um wieder zu komplexeren handlungsleitenden Mustern zu gelangen, muss der äußere Druck nachlassen bzw. das innere Erregungsniveau abgesenkt werden. Erst dann können wieder hochvernetzte, subtilere und fragilere Beziehungsmuster zwischen möglichst vielen Nervenzellen aus möglichst unterschiedlichen Bereichen des Gehirns aufgebaut und als handlungs- und denkleitende Muster aktiviert werden. Die brauchen Kinder dringend, um sich in einer komplexer werdenden Lebenswelt mit komplizierten zwischenmenschlichen Beziehungen zurechtzufinden.

Wir müssten einander und vor allem unseren Kindern wieder mehr Mut machen, zeigen und vormachen, wie man sich gegenseitig besser unterstützen und die Bemühungen anderer würdigen kann. Nur so können Kinder auf lange Sicht all das zur Entfaltung bringen, was sie in Zukunft brauchen: Innovationsgeist und Kreativität bei der Suche nach neuen Lösungen, Motivation und Einsatzbereitschaft bei der Umsetzung guter Ideen, Durchhaltevermögen und Zuversicht sowie etwas Umsicht und Geduld, weil nicht alles, was man versucht, auch auf Anhieb gelingt.

Wer Kinder zu kompetenten, starken und selbstbewussten Persönlichkeiten erziehen will, muss in Beziehungen denken und in Beziehungsfähigkeit investieren. Das ist das Geheimnis einer Schulkultur, bei der niemand als Verlierer zurückgelassen wird. Auf Widerstände stößt die Einführung einer solchen Kultur vor allem dort, wo sie bisher am wenigsten gepflegt worden ist, wo es eher auf Wettbewerbsfähigkeit ankam. Aber jeder kann Kinder wertschätzen, ermutigen und unterstützen, wenn er das will. Niemand braucht damit zu warten, bis alle das tun. Vor allem müssten es die tun, die sich am intensivsten um die Erziehung kümmern sollten: die Eltern, die Erzieherinnen und Erzieher im Kindergarten, die Lehrkräfte in der Schule und die Vorgesetzten im Betrieb. Eigentlich ist es einfach. Man muss nur die Stärke haben, es auch zu wollen. Und sei es nur dem Gehirn zuliebe – dem eigenen und dem der Kinder.

Lernen ohne Sinn ist sinnlos

»Wozu quäle ich mich jeden Tag mit abgehobenen Vorlesungen und langweiligen Seminaren herum?« – »Ich weiß nicht, wozu ich das alles lernen soll.« – »Ich kann davon später wahrscheinlich kaum etwas gebrauchen.« »Was kann ich hier in der Uni eigentlich bewirken?« – »Das ist doch alles sinnlos.« So oder so ähnlich erleben viele Studenten beiderlei Geschlechts den universitären Lehrbetrieb. Und vielen Dozenten und Dozentinnen geht es nicht besser. »Wofür kann ich die Studenten in diesen überfüllten Veranstaltungen noch begeistern?« – »Wie soll ich sie schulen, Zusammenhänge zu erkennen, bei all dem Lehrstoff und in dieser kurzen Zeit?« – »Die haben doch in Wirklichkeit gar keine Lust auf das, was ich hier mit ihnen erarbeiten will.«

Sowohl Studierenden wie auch Lehrenden, die den Sinn ihres Tuns nicht mehr erkennen können, geht es nicht gut. Unter diesen Bedingungen gelingt weder das Lernen noch das Lehren. Dann spätestens stellt sich die Frage, welchen Sinn eine universitäre Ausbildung unter solchen Bedingungen macht.

Ich will versuchen, die in den letzten Jahren gewonnenen Erkenntnisse der Entwicklungsneurobiologie als Ausgangspunkt zu nutzen, um die Frage zu beantworten, ob und wie lange Menschen (nicht nur an Universitäten) lernen und leben können, wenn es ihnen nicht gelingt, diesem Lebens- und Lernprozess Sinn zu verleihen.

Ebenso, wie es aus neurobiologischer Sicht unmöglich ist, zu leben ohne zu lernen, ist es aus hirntechnischer Sicht unmöglich, zu leben und zu lernen, ohne seinem Leben und Lernen Sinn zu verleihen: Aufgrund seines enorm plastischen, zeitlebens lernfähigen, sich durch sinnliche Erfahrungen strukturierenden Gehirns ist jeder Mensch zu jedem Zeitpunkt seines Lebens darauf angewiesen, neue Sinneseindrücke bzw. die durch neue Wahrnehmungen im Gehirn generierten Erregungsmuster mit den durch vorangegangene Erfahrungen entstandenen und stabilisierten synaptischen Verschaltungsmustern in Einklang zu bringen, ihnen also »Sinn« zu verleihen.

Die Suche nach Sinn ist kein nutzloses oder esoterisches Unterfangen, sondern eine sich aus der Arbeitsweise und der Strukturierung des menschlichen Gehirns zwangsläufig ergebende Notwendigkeit.

Die Hirnentwicklung lässt sich als ein Prozess der sukzessiven Herausformung von in sinnvoller Weise den älteren Strukturen jeweils übergeordneten und diesen älteren Strukturen selbst wieder Sinn verleihenden Metarepräsentanzen verstehen.

Durch die im Verlauf von Erziehung und Sozialisation gemachten Erfahrungen kommt es zu strukturell im Gehirn verankerten Anpassungsleistungen, die aus sozialer Sicht zwar sinnvoll, aber mit den am eigenen Leib gemachten Erfahrungen unvereinbar – also sinnlos – sind. Die damit einhergehende Entfremdung wird so zur Triebfeder einer lebenslangen Suche nach Kohärenz zwischen selbst gemachten und von anderen übernommenen Erfahrungen – der Suche nach Sinn.

Was ist ein sinnerfülltes Leben?

Das Leben, das die meisten Menschen gegenwärtig führen, gleicht einem Wettrennen. Wer zu langsam vorankommt oder gar Umwege macht, landet auf der Verliererstrecke. Das ist unsere alltägliche Erfahrung, sei es bei der Jagd nach einem Sonderangebot, auf der Suche nach einem passenden Partner, bei der Arbeit, bei der Berufswahl und natürlich auch schon während Schule und Studium. Alles muss schnell gehen, so schnell wie möglich, und zwar von Anfang an: Laufen lernen, Sprechen lernen, Lesen lernen, Mathe, Englisch, Biologie, Chemie, Physik möglichst schon im Kindergarten, den Schulstoff durchziehen, das Studium absolvieren, Karriere machen und so weiter und so weiter. Je schneller, desto besser. Bloß nicht hängen bleiben, bloß nicht versagen, bloß nichts verpassen. Wer zu spät kommt, den bestraft das Leben. Aber stimmt das wirklich?

Könnte es nicht sein, dass man das Leben in Wirklichkeit verpasst, wenn man immer nur von einem vermeintlichen Ziel zum nächsten jagt? Und wer weiß schon, ob die Ziele, die wir verfolgen, überhaupt die richtigen Ziele sind. Vielleicht kommt es für ein glückliches und erfülltes Leben gar nicht so sehr darauf an, besonders schnell irgendwo anzukommen. Bleibt bei dieser Hatz nicht automatisch vieles »auf der Strecke«, was für ein glückliches und erfülltes Leben dringend gebraucht wird? Und was ist mit all jenen, die wir in diesem Wettrennen hinter uns gelassen, vielleicht sogar rücksichtslos überrannt haben? Was für ein sonderbares Rennen ist das, an dem sich fast alle beteiligen, obwohl es kaum jemanden glücklich, dafür aber sehr viele krank macht? Haben wir das, worauf es im Leben ankommt, aus den Augen verloren? Sind wir uns selbst fremd geworden aus lauter Angst, zu spät zu kommen, etwas zu verpassen oder etwas falsch zu machen?

Was sind sinnvolle Übereinkünfte?

Wo immer Menschen mit unterschiedlichen Erfahrungen zusammenkommen, um die aus diesen Erfahrungen gewonnenen Vorstellungen auszutauschen, müssen sie auch gemeinsam nach Lösungen für die Probleme suchen, die sich aus der Unterschiedlichkeit ihrer bisher gemachten Erfahrungen und den daraus abgeleiteten Schlussfolgerungen zwangsläufig ergeben. Der einfachste und deshalb wohl auch am häufigsten beschrittene Weg bei dieser Suche nach einer Lösung für ein bestimmtes Problem läuft darauf hinaus, dass sich der eine mit seinen Überzeugungen durch- und über den anderen hinwegsetzt, sei es aufgrund seiner überlegenen rhetorischen Fähigkeiten, seiner besonders kompromisslos vertretenen Haltung oder seiner als kompetenter und überlegener erscheinenden Fähigkeiten und Fertigkeiten bei der Einschätzung und Lösung der betreffenden Problematik. Die mit derartigen Überrumpelungstechniken erreichten Übereinkünfte zeichnen sich in erster Linie durch ihre zwangsläufig vorhandene Einseitigkeit aus. Was bei dieser Art von Disputen gefunden wird, sind zwar sehr schnelle, dafür aber wenig tragfähige Lösungen.

Eine ganz andere, weitaus bessere Strategie, die Menschen mit unterschiedlichen Erfahrungen und ihren daraus abgeleiteten unterschiedlichen Vorstellungen zur Lösung gemeinsamer Probleme einschlagen können, besteht darin, einander Fragen zu stellen. Fragen, die nicht so sehr darauf ausgerichtet sind, *wie* sich ein bestimmtes Ziel am besten und am schnellsten erreichen lässt, sondern Fragen, die uns in all unserer Verschiedenheit zwingen, darüber nachzudenken, welches gemeinsame Ziel wir eigentlich verfolgen, was uns wichtig und deshalb vorrangig zu behandeln ist und was uns weniger wichtig erscheint und daher nebensächlich bleiben kann.

Was sind sinnvolle Erkenntnisse?

Wer erst einmal das Ziel seiner Bemühungen beschreiben kann, der ist normalerweise auch in der Lage, vor sich selbst und gegenüber anderen zu begründen, weshalb ihm ausgerechnet dieses Ziel so außerordentlich am Herzen liegt. Darauf gibt es dann nur eine Antwort: Weil es aus seiner Perspektive das Einzige ist, was zu seinen Überzeugungen und Orientierungen passt, was also für ihn Sinn macht. Alles andere erscheint in seinen Augen sinnlos. Vor zehn oder zwanzig Jahren hätte die betreffende Person aber vielleicht noch ganz andere Orientierungen und Überzeugungen gehabt. Damals machte für ihn oder für sie also möglicherweise etwas anderes viel mehr Sinn. Während der Zeit als Jugendlicher war es wieder etwas anderes, was damals besonders sinnvoll erschien, und welche Ziele er oder sie davor, während der Kindheit, aus welchem Grund verfolgt hatte, ist zwar kaum noch erinnerbar, aber irgendwelche Orientierungen oder Erwartungshaltungen muss es auch während dieser frühen Entwicklungsphase bereits gegeben haben. Neues Wissen kann ja nur als Erweiterung an bereits Vorhandenes angehängt werden. Es muss also zu jedem Zeitpunkt unseres Lebens bestimmte, bis dahin gebildete Verschaltungsmuster im Hirn geben, an die das jeweils Neue angekoppelt, mit denen der neue Sinneseindruck, die neue Erfahrung, die neue Erkenntnis assoziiert werden kann. Was schon da ist, was an Verknüpfungen im Gehirn bereits entstanden ist, ist entscheidend dafür, wie das Neue beschaffen sein muss, damit es zum bereits Vorhandenen passt. Wenn es passt, macht es Sinn, wenn es nicht passt, wird es als Unsinn abgetan.

Bisweilen dauert es etwas länger, und man muss gewissermaßen erst verschiedene der aufgrund früherer Erfahrungen im Hirn entstandenen Verschaltungsmuster aktivieren, vielleicht auch auf neue Weise miteinander in Beziehung bringen, bis sich etwas Neues in den Schatz der bereits vorhandenen Erfahrungen sinnvoll integrieren lässt. Die mit solchen »Aha-Erlebnissen« einhergehende Begeisterung führt zur Aktivierung des so genannten »Belohnungssystems«, und damit zur Ausschüttung von Dopamin und endogenen Opiaten im Gehirn. Der daraus resultierende Effekt ist vergleichbar mit dem, was auch nach der Einnahme von Kokain und Heroin passiert: Man kann, wenn man das öfter erlebt, süchtig nach solchen Aha-Erlebnissen werden. Deshalb nennen wir die Suche von Menschen nach integrierbaren, d. h. Sinn machenden neuen Erfahrungen auch Neu»gier«.

Weil Kinder noch sehr offen sind und noch nicht so viele festgefügte Überzeugungen in Form von Vorurteilen haben, erleben sie diesen Zustand wesentlich häufiger als die meisten Erwachsenen. Sie haben also mehr Erfolg bei der Suche nach Sinn, können auch vielem noch Sinn verleihen, was von den Erwachsenen als Unsinn abgetan wird – jedenfalls so lange, bis sie sich im Lauf von Erziehung und Sozialisation all die Überzeugungen, Vorstellungen und Vorurteile derjenigen zu eigen gemacht haben, an denen sie sich orientieren. Das sind all jene Menschen, die über Fähigkeiten und Fertigkeiten verfügen, die entweder in ihren Augen Sinn machen oder die ganz einfach notwendig sind, die man beherrschen muss, um zu diesen Vorbildern dazuzugehören, sich mit ihnen verbunden zu fühlen. Diese Suche nach Zugehörigkeit und Geborgenheit macht auch Sinn, denn sie knüpft ja eng an bisherige Erfahrungen von Verbundenheit und Geborgenheit an.

So gerät jeder Mensch auf seiner Suche nach Sinn früher oder später in ein Dilemma: Weil es so bedeutsam ist, zu anderen dazuzugehören und mit anderen verbunden zu sein, führt die dazu erforderliche Übernahme von deren Überzeugungen, Vorstellungen und Vorurteilen zwangsläufig dazu, dass viele neue Wahrnehmungen, Erfahrungen und Erlebnisse, die vorher noch gut integrierbar gewesen wären, in dem nun von anderen übernommenen Bewertungsmaßstab nicht mehr passen, also keinen Sinn mehr machen (z. B. das Krabbeln auf allen Vieren). Andererseits gewinnen durch diesen von anderen übernommenen Bewertungsmaßstab nun auch Ziele und Bestrebungen Sinn, die ursprünglich nicht an das eigene Wissen anknüpfbar, also sinnlos waren (z. B. das passive Herumsitzen vor einem Fernsehgerät). Ohne es zu bemerken, entfremdet sich so jeder Mensch im Verlauf seiner Erziehung und Sozialisation von seinen, am eigenen Körper und mit allen Sinnen gemachten und in seinem Gehirn verankerten Erfahrungen, seinem authentischen Selbst. Er übernimmt dabei zunehmend die Überzeugungen und Vorstellungen, die Fähigkeiten und Fertigkeiten und das Wissen all jener Menschen, unter deren Obhut er aufwächst, die ihm wichtig und bedeutsam sind. Diese nicht mehr selbst, d. h. am eigenen Leib gemachten, sondern von anderen übernommenen und ebenfalls im Hirn verankerten Kenntnisse, Vorstellungen und Überzeugungen rekrutieren nun das, was man vielleicht als fremdbestimmtes oder Pseudo-Selbst bezeichnen müsste. Ein Psychoanalytiker würde mit Winnicott vom wahren und vom falschen Selbst reden. Aber diese fremden Anteile werden ja von der betreffenden Person in einer eigenen Anstrengung aktiv integriert. Oft handelt es sich dabei sogar um einen recht schmerzvollen Prozess der Unterdrückung, Verdrängung oder Abspaltung bestimmter, nun nicht mehr als »passend« empfundener Anteile des ursprünglichen authentischen Selbst. Und manche der im Zusammenleben mit anderen Menschen gemachten Erfahrungen und der von diesen Menschen übernommenen Vorstellungen sind durchaus recht gut mit den bisherigen Erfahrungen vereinbar, machen also weiterhin Sinn.

Was sich im Verlauf dieses Erziehungs- und Sozialisationsprozesses herausbildet, ist ein für die betreffende Person spezifisches, individuell entstandenes Konglomerat von Selbstgemachtem und von anderen übernommenen Anteilen, das sogenannte »Ich«. Dieses »Ich« macht sich nun im weiteren Verlauf auf die Suche nach Wahrnehmungen, Erlebnissen, Ideen und Vorstellungen, die irgendwie zu dem passen, was es entweder am eigenen Leib erfahren oder von anderen übernommen hat.

Jeder Mensch sucht nach Sinn, im Kindergarten, in der Schule und natürlich auch an der Universität. Es geht gar nicht anders. Denn »das Leben selbst ist«, wie Konrad Lorenz es so treffend auf den Punkt gebracht hat, »ein erkenntnisgewinnender Prozess.«

Wie sich unser Gehirn entwickelt, ist sinnvoll

Alles, was ein Mensch an wichtigen Erfahrungen über sich selbst, über seinen Körper und seine Beziehung zur äußeren Welt gesammelt hat, ist in Form bestimmter Verschaltungsmuster von Nervenzellen in seinem Gehirn als innere Repräsentanz verankert worden, das meiste bereits während der Kindheit, vieles davon auch schon vor der Geburt. Jede neue Wahrnehmung, also ein neuer Duft, eine neue Berührung, ein neues Geräusch oder ein neuer Sinneseindruck, erzeugt im Gehirn ein entsprechendes Aktivierungsmuster, ein »Wahrnehmungsbild«. Im Gehirn wird nun versucht, ein bereits vorhandenes Nervenzell-Verschaltungsmuster zu aktivieren (ein »Erinnerungsbild«), das irgendwie zu dem durch die neue sinnliche Wahrnehmung entstandenen Aktivierungsmuster passt. Stimmen beide Bilder (das vorhandene Erinnerungsbild und das neue Wahrnehmungsbild) völlig überein, so wird der neue Eindruck als bekannt abgetan und entsprechend routinemäßig beantwortet. Kann keinerlei Überlappung zwischen dem Neuen und irgendeinem bereits vorhandenen Bild hergestellt werden, so passiert gar nichts. Das neue Wahrnehmungsbild wird gewissermaßen als ein nicht zu den bisherigen Erfahrungen passendes Trugbild verworfen. Interessant wird es immer dann, wenn das aus dem Gedächtnis abgerufene Erinnerungsbild zumindest teilweise zu dem neuen Wahrnehmungsbild passt. Dann wird das alte Muster so lange geöffnet, erweitert und umgestaltet, bis das durch die neue Wahrnehmung entstandene Aktivierungsmuster in das nun modifizierte Erinnerungsbild integriert werden kann. Das wird dann als erweitertes inneres Muster festgehalten und für künftige Wahrnehmungen zum Abgleich erneut abgerufen. Dieses Muster bestimmt nun auch künftige Erwartungen. Ein Mensch nimmt also nie alles wahr, was ihm angeboten wird, sondern nur das, was irgendwie zu seinen Vorstellungen und

Erwartungen (also zu seinen bisher gemachten Erfahrungen) passt, also Sinn macht.

Zug um Zug werden auf diese Weise die komplizierten Nervenzell-Verschaltungen in den verschiedenen Regionen aufgebaut. Die von den Sinnesorganen ankommenden Erregungsmuster werden dabei benutzt, um immer stabilere und zunehmend komplexer werdende »innere Bilder« in Form bestimmter Verschaltungsmuster in den verschiedenen Hirnregionen zu verankern. Das gilt nicht nur für das Sehen und die Verankerung innerer »Sehbilder«, sondern ebenso für das Tasten und die Herausbildung innerer »Tast- und Körperbilder«, für das Hören und die Entstehung entsprechender »Hörbilder« und das damit einhergehende Verstehen und Verankern von Sprache, letztlich auch für das Interesse am Zuhören. Auf gleiche Weise entwickelt sich die Fähigkeit, aus Gerochenem innere »Geruchsbilder« anzulegen und mit anderen Sinneswahrnehmungen und den dadurch erzeugten inneren Bildern zu verbinden. Ja, sogar die von den Muskeln bei Veränderungen ihres Tonus zum Gehirn weitergeleiteten Signale werden benutzt, um innere Repräsentanzen von komplexen Bewegungsabläufen, gewissermaßen innere »Bewegungs- und Handlungsbilder« in bestimmten Bereichen des Gehirns anzulegen und bei Bedarf abzurufen.

Diejenige Hirnregion, in der all diese komplexen, nutzungsabhängigen neuronalen Verschaltungen letztendlich zusammenlaufen, ist eine Region, die sich beim Menschen zuletzt und am langsamsten entwickelt und die auch bei unseren nächsten tierischen Verwandten weitaus kümmerlicher ausgebildet ist. Anatomisch heißt sie Frontal- oder Stirnlappen. Sie ist in besonderer Weise daran beteiligt, aus anderen Bereichen des Gehirns eintreffende Erregungsmuster zu einem Gesamtbild zusammenzufügen und auf diese Weise von »unten«, aus tiefer liegenden und früher ausgereiften Hirnregionen eintreffende Erregungen und Impulse zu hemmen und zu steuern. Ohne Frontalhirn kann man keine zukunftsorientierten Handlungskonzepte und inneren Orientierungen entwickeln, kann man nichts planen, kann man die Folgen von Handlungen nicht abschätzen, kann man sich nicht in andere Menschen hineinversetzen und deren Gefühle teilen, auch kein Verantwortungsgefühl empfinden. Unser Frontalhirn ist die Hirnregion, in der wir uns am deutlichsten von allen Tieren unterscheiden. Und es ist die Hirnregion, die in besonderer Weise durch den Prozess strukturiert wird, den wir Erziehung und Sozialisation nennen.

In gewisser Weise lässt sich die sukzessive Strukturierung neuronaler Netzwerke und synaptischer Verschaltungsmuster auf den verschiedenen Ebenen des sich entwickelnden Gehirns mit der Herausbildung der älteren und jüngeren Schichten einer Zwiebel vergleichen: Die sehr früh entstandenen neuronalen Verschaltungen für die basale Regulation der vielfältigen, im Körper ablaufenden Prozesse – wie Atmung, Kreislauf oder einfache motorische Reflexe – werden in den inneren »Zwiebelschichten«, dem Hirnstamm, verankert. Darüber, in den Bereichen, die wir als Thalamus, Hypothalamus und Limbisches System bezeichnen, bilden sich auf der Grundlage dieser im Hirnstamm angelegten Regelkreise komplexere Netzwerke heraus, die bei entsprechender Aktivierung nun ihrerseits in der Lage sind, die tiefer im Hirnstamm lokalisierten Regelkreise zur Steuerung einzelner Körperreaktionen zu einer konzertierten Aktion zusammenzubinden. Ein typisches Beispiel hierfür bilden die durch eine Bedrohung bzw. durch Angst (und die damit einhergehende Aktivierung der Amygdala und anderer Bereiche des Limbischen Systems) im Hirnstamm ausgelösten, zu einer ganzheitlichen Körperreaktion zusammengebundenen Reaktionsmuster: stockender Atem, rasender Puls, Schweißausbruch, weiche Knie, flaues Gefühl in der Magengegend, angespannte Körperhaltung etc. Das Gleiche gilt für die mit Lust und Freude, mit Verlust und Trauer oder anderen Affektmustern einhergehenden Körperreaktionen: Das Limbische System fungiert jeweils als ein übergeordnetes Metasystem, das den in den tiefer liegenden, früher herausgeformten und älteren Strukturen des Stammhirns lokalisierten Regelkreisen gewissermaßen »Sinn« verleiht, indem es sie zu spezifischen konzertierten Reaktionen bündelt. In gleicher Weise lässt sich der Kortex als eine weitere, über dem Limbischen System liegende »Zwiebelschicht« verstehen, von der aus die subkortikal generierten Aktivitäten geordnet, gelenkt und gesteuert werden. Der Neokortex, und hier insbesondere der so genannte präfrontale Kortex bildet schließlich die letzte, äußere Schicht dieses »Zwiebelmodells«. Hier werden die im Kortex und in den subkortikalen Ebenen generierten Signalmuster aufeinander abgestimmt und in Form subjektiver Bewertungen und Entscheidungen benutzt, um die in diesen Bereichen ablaufenden Prozesse zu steuern. Auf die Frage, wovon dieses Sinn stiftende, für die Handlungsplanung verantwortliche Bewertungs- und Entscheidungssystem im frontalen Kortex gesteuert wird, gibt es eine überraschende Antwort: durch die im Verlauf von Erziehung und Sozialisation in der jeweiligen Herkunftsfamilie und der jeweiligen Herkunftskultur gemachten Erfahrungen. Diese letzte, äußere »Zwiebelschicht« wird also durch Kräfte geformt und strukturiert, die außerhalb des individuellen Gehirns in den in einem bestimmten Kulturkreis vorherrschenden Überzeugungen, Haltungen, Einstellungen und Vorstellungen zu suchen sind.

Alles, was die Beziehungsfähigkeit von Menschen verbessert, ist sinnvoll

Aus »neurobiologischer« Perspektive macht die Unterdrückung von Gefühlen, die Trennung zwischen Denken und Fühlen und die Abspaltung des Körpers vom Gehirn keinen Sinn. Besser verständlich und leichter erklärbar werden all diese Trennungen aber dann, wenn man sie aus »soziologischer« Perspektive betrachtet, wenn man also danach fragt, welchen Sinn sie für den Zusammenhalt von Gruppen und für das Überleben des Einzelnen in einer menschlichen Gemeinschaft machen. In einer von Leistungsdruck und Konkurrenzdenken geprägten Gesellschaft, in der man bereits als Kind dazu angehalten oder zumindest ermutigt wird, sein »Ich« auf Kosten und durch die Abwertung anderer zu stärken, sind derartige Abgrenzungs- und Abspaltungsprozesse unvermeidlich. Für Menschen, die in eine solche von Effizienzdenken, Machbarkeitswahn und Konkurrenzkampf geprägte Gemeinschaft hineinwachsen, macht weder Achtsamkeit noch Behutsamkeit irgendeinen Sinn. Wer unter solchen Bedingungen nicht schnell genug lernt, sein Denken vom Fühlen, seinen Körper vom Gehirn, sein »Ich« vom »Wir« abzutrennen, wird allzu leicht zum Verlierer, jedenfalls kurzfristig. Langfristig haben solche Einschränkungen der Beziehungsfähigkeit von Menschen bzw. der Konnektivität ihrer neuronalen Verschaltungen im Gehirn allerdings einen hohen Preis und fatale Folgen: Verlust der Offenheit und Kreativität, sich ausbreitende Verunsicherung und Angst, Zerfall sozialer Bindungen und Unterbrechung der transgenerationalen Weitergabe von Erfahrungen.

Das menschliche Gehirn ist auf Offenheit und das Knüpfen von Verbindungen, auf »Konnektivität« angelegt, und alles, was die Beziehungsfähigkeit von Menschen – zu sich selbst, zwischen ihrem Denken und Fühlen, zwischen Gehirn und Körper, aber auch zu anderen Menschen, zur eigenen Geschichte, zur Kultur und zur Natur – verbessert und stärkt, führt zwangsläufig zur Ausbildung einer größeren Konnektivität, zu einer intensiveren Vernetzung neuronaler Verschaltungen und damit auch zu einem komplexer ausgeformten Gehirn.

Gemessen an diesem Maßstab erscheint so manches, was an der Universität, in Vorlesungen und Seminaren geschieht, als wenig sinnvoll. Das gilt für die Studenten ebenso wie für die Dozenten. Aber es lässt sich ändern. Nur müsste man sich dazu darüber verständigen, welche gemeinsamen Ziele man eigentlich verfolgt. Und dann müsste man sich gemeinsam auf den Weg machen, um diese Ziele auch umzusetzen.

Lernen heißt, Beziehungen herzustellen

Das Interessanteste, was unser Gehirn leisten kann, ist das Lernen. Im Grunde genommen lernen wir niemals etwas ganz Neues, denn unsere Nervenzellen haben längst Vernetzungen aufgebaut, wenn wir auf die Welt kommen. Bereits vor der Geburt wird Nervenzellen-Vernetzungsmaterial bereitgestellt, sogar viel mehr, als wir tatsächlich benötigen. Im Laufe unseres Lebens werden diese Nervenzellen-Vernetzungen immer weiter aufgebaut. Es ist fast wie ein Wunder, wie schön alles arrangiert ist und sich weiterentwickelt.

Das Lernen beginnt bereits vor der Geburt

Die allerersten Vernetzungen, die wir stabilisieren, sind diejenigen, die wir brauchen, um den eigenen Körper zu regulieren. Die ersten Erregungsmuster, die in den Nervenzellen ankommen und aufgebaut werden, kommen aus dem Körper. Dadurch wird verständlich, wie sehr unser Gehirn mit dem Körper verbunden ist und dass es sich anhand der aus dem eigenen Körper kommenden Signalmuster strukturiert. Jeder Mensch hat also schon vorgeburtlich einen ihm entsprechenden Körper. Und weil sich das Gehirn anhand der aus dem eigenen Körper kommenden Signalmuster strukturiert, bekommt auch jeder ein Gehirn, das zum Zeitpunkt der Geburt genau zu seinem Körper passt. Jeder von uns ist deshalb zum Zeitpunkt der Geburt einzigartig. Man müsste es genauer sagen: Jeder von uns ist bis zum Zeitpunkt der

Geburt ein Einzigartiger geworden. Einmal auf der Welt, bauen sich die Netzwerke im Gehirn dann weiter aus.

Der Lernprozess beginnt sozusagen mit den allerersten Verknüpfungen, die im Gehirn gestaltet werden, und dauert ein Leben lang. Was leider allzu schnell dazu führt, dass man mit dem Lernen aufhört, ist nicht ein hirnspezifisches Problem, sondern liegt an ungünstigen, unsere Lernlust untergrabenden Erfahrungen, die wir alle beim Heranwachsen machen mussten.

Es muss unter die Haut gehen

Als Kind haben wir eine Entdeckung nach der anderen gemacht und uns wie verrückt begeistert. Kleine Kinder erleben am Tag 50- bis 100-mal einen Sturm der Begeisterung, der durch ihr Gehirn geht. Wir lernen nicht durch das, was wir einfach nur so tun. Knapp ausgedrückt: Das Gehirn ist kein Muskel! Sie können üben und trainieren, so viel Sie wollen, es passiert nichts. Sondern wir lernen, indem wir uns in Beziehung setzen – zu Dingen und zu Menschen. Das Gehirn lernt nur das, was es als bedeutsam ansieht. Zum Beispiel ist das, was das Kind tun muss, damit es bei der Mama auf den Schoß kommt, bedeutsam. Oder das, was es unterdrücken muss, damit es geliebt wird. Die Beziehung zu einer Bezugsperson ist für das Kind häufig bedeutsamer als die Welt zu entdecken. Durch Beziehungserfahrungen werden im Gehirn Netzwerkstrukturen weitergebildet.

Jedes Mal, wenn wir etwas entdecken, das für uns selbst bedeutsam ist, geht es unter die Haut, und es kommt im Gehirn zur Aktivierung der sogenannten emotionalen Zentren. Sie liegen im Mittelhirn und haben Verbindungen zu allen anderen Bereichen. Wenn diese emotionalen Zentren erregt werden, kommt es automatisch zu einem gewissen Durcheinander in den Bereichen, die für die körperliche Regulation zuständig sind. Das spürt man dann als Körpergefühl: Das Herz fängt an zu rasen, oder man bekommt plötzlich einen Schweißausbruch. Oder die Haare stehen einem zu Berge, der Atem stockt, oder die Knie werden weich. Das sind die so genannten somatischen Marker, die sich dann einstellen, wenn einem etwas unter die Haut geht. Wenn man eine Lösung findet, verwandelt sich dieses Durcheinander wieder in Ordnung. Dabei werden so genannte neuroplastische Botenstoffe freigesetzt, die wie »Dünger« wirken und all jene Netzwerke im Hirn stabilisieren, die zur Lösung des Problems beigetragen haben.

Hirntraining durch Spielen

Die Phase der frühen Kindheit dient dazu, im freien Spiel herauszufinden, was alles geht. Spielen ist Potenzialerkundung. Kinder versuchen, beim Spielen herauszufinden, was sie zum Beispiel alles mit ihren Füßen machen können oder später, was sie kleinsägen können – um dann festzustellen, dass sich nicht alles für alles eignet. Auf diese Weise bilden sich stabile Muster in ihrem Hirn aus.

Nachhaltig lernen kann man erst dann etwas, wenn es emotional aufgeladen ist, also Freude macht. Nur wenn die emotionalen Zentren erregt werden – wenn zum Beispiel etwas richtig gut gelungen ist oder eine neue Erkenntnis gewonnen wird –, werden im Gehirn neuroplastische Botenstoffe ausgeschüttet. Zu denen zählen die Katecholamine, die Endorphine und das Oxytocin, die Nervenzellen dazu bringen, Eiweiße zu produzieren, die sie brauchen, um neue Fortsätze zu bilden und neue Kontakte zu schmieden bzw. bestehende Kontakte zu festigen. Deshalb finden strukturelle Umformungsprozesse im Gehirn immer dann statt, wenn wir uns im Zustand der Begeisterung befinden.

Jetzt können Sie verstehen, warum wir damals als Kind so viel gelernt haben. Weil uns ständig alles unter die Haut gegangen ist. Aber dann wurden wir in die Schule geschickt, haben eine

Ausbildung gemacht und einen Beruf ergriffen, und die Augenblicke der Begeisterung wurden immer seltener. Es wurde nun nicht mehr viel im Gehirn umgebaut. Das heißt aber nicht, dass das nicht mehr möglich wäre. Das ginge natürlich! Bis ins hohe Alter können wir etwas Neues dazulernen.

Wenn man im Alter nichts Neues mehr lernt, ist dies kein individuelles, kein hirntechnisches Problem, sondern ein Begeisterungsproblem. Und um uns zu begeistern, brauchen wir andere Menschen. Wir können uns fragen, ob wir eine Beziehungskultur aufbauen wollen, in der sich Menschen gegenseitig begeistern über das, was alles geht, oder in der sie sich gegenseitig ent-geistern und sich ständig einreden, was alles nicht geht.

Hinderliche feste Überzeugungen

Im Laufe des Lebens bilden wir feste Überzeugungen heraus. Sie sind nicht angeboren, sondern wir haben sie irgendwann erworben – durch die Erfahrungen, die jeder von uns macht. Sie sind tief in unserem Gehirn verankert. Weil sie an Gefühle gekoppelt sind, lassen sie sich auch nicht durch Erklärungen und gute Ratschläge verändern. Deshalb bleiben Menschen bei ihren festen Überzeugungen, solange nichts passiert, was ihnen wirklich unter die Haut geht.

Diese ganzen inneren Einstellungen, Überzeugungen und Haltungen bestimmen alles, was wir in der Welt wahrnehmen, worum wir uns kümmern, was wir sehen und was wir übersehen, was uns wichtig und was unwichtig ist, und nicht zuletzt, wofür wir uns begeistern. Und deshalb letztlich auch, wie sich unser Gehirn ausbildet. Diese einmal entstandenen inneren Einstellungen und Haltungen hindern uns häufig, in einen Entwicklungsprozess zu gehen, in dem wir uns für etwas Neues in der Welt öffnen, weil sie zu eng sind und uns den Blick verstellen. Diese inneren Überzeugungen und Einstellungen entstehen durch einen Prozess, der uns unter die Haut geht. Man muss eine Erfahrung am eigenen Leib machen, sonst ist es keine Erfahrung. Dabei werden gleichzeitig zwei Netzwerke aktiviert: ein kognitives (das benutzen wir hinterher, wenn es vorbei ist, um jemandem zu erzählen, *was* wir erlebt haben) und ein emotionales (das rufen wir später ab, wenn wir jemandem erzählen wollen, *wie* es uns dabei gegangen ist). Weil diese beiden Netzwerke gleichzeitig aktiviert werden, verkoppeln sie sich. Wenn wir dann Erfahrungen in einem ähnlichen Zusammenhang immer wieder machen, verdichten sich diese Erfahrungen zu einer Meta-Erfahrung, und die nennen wir eine innere Einstellung, eine innere Haltung.

Wenn ein Mensch einmal Erfahrungen gemacht hat, die ungünstig waren, und daraus eine Haltung entstanden ist, die zum Beispiel heißt »Lernen macht keinen Spaß«, »Lernen ist doof«, »Sich anstrengen ist blöd« oder »Arbeiten gehe ich nur, weil ich Geld verdienen muss«, dann lassen sich diese Haltungen weder durch kognitive Strategien (Aufklärung) noch durch emotionale Strategien (liebevolles Verständnis) verändern.

Scheitern aufgrund von negativen Bewertungen

Eine solche Erfahrung, die im Gehirn eingebrannt ist, habe ich selbst während meiner Schulzeit gemacht, als ich zwölf Jahre alt war. Eines Tages fand der Musiklehrer es besonders wichtig, dass im Musikunterricht Noten verteilt werden. Einzelne Kandidaten wurden zum Vorsingen nach vorn gebeten, einer davon war ich. Ich stellte mich hin – und sah die ganzen Mädchen, die vor mir saßen. Das war sehr peinlich. Überhaupt war die ganze Situation furchtbar. Dann bekam ich vom Lehrer ein bestimmtes Lied genannt und musste es vorsingen. Das ist, was man eine Erfahrung nennt: Bis heute weiß ich, wo der Musiklehrer stand, wie er hieß, wie der Raum aussah und wo die Mädchen saßen.

Das ist alles im kognitiven Anteil des damals entstandenen Netzwerks verankert. Und bis heute, wenn ich es mir noch einmal vergegenwärtige, bekomme ich dieselben weichen Knie, denselben Schweißausbruch wie damals, so sehr ist dieses Erlebnis in dem emotionalen Anteil dieses Netzwerks verankert. Aus dieser Erfahrung ist eine Haltung geworden, und sie heißt: »Ich kann nicht singen.«

Diese Überzeugung lässt sich nicht ändern, indem Sie sagen: »Singen ist schön«, oder indem Sie mich durch Belohnung oder Bestrafung dazu bringen, wieder zu singen. Nein, jemand müsste kommen und mich dazu einladen und ermutigen, es noch einmal zu versuchen. Vielleicht in der hinteren Reihe eines Chors, wo keiner merkt, wenn ich falsch singe.

Dann könnte es passieren, dass ich wieder Spaß am Singen bekomme. Es kann sogar sein, dass eine Stimme aus mir herauskommt, die ich selbst nicht für möglich gehalten hätte; dass ich eine schöne Stimme habe, die der Chorleiter nun entdeckt, der mich ermutigt, ein Solo zu singen. Das geht alles! Aber eben anders, als wir es bisher gedacht haben.

Was braucht es nun, damit man ein Leben lang gern lernt?

Wenn Sie Ihre Lust an etwas verloren haben, wenn Sie die Erfahrung machen mussten, dass etwas, was Sie gelernt haben, nicht das Richtige war, oder dass Sie es falsch gelernt haben – dann ist das immer eine Erfahrung, die andere Ihnen angetan haben. Kein Kind scheitert an sich selbst. Sondern es scheitert immer an den Bewertungen, den Maßregelungen und den klugen Ratschlägen anderer. Im Grunde genommen scheitert es daran, dass es wie ein Objekt behandelt wird, dass es ein Objekt von Erziehungs- und Bildungsmaßnahmen geworden ist. Und jeder Mensch, der sich als Objekt behandelt fühlt – und das geht schneller, als man denkt –, hat nur ein Bestreben: sich auszuklinken, irgendwie. Dann interessiert ihn weder das Singen noch Mathe, ihn interessiert nicht, was es auf der Welt alles zu lernen gibt. Ihn interessiert nur, wie er aus der schlechten Erfahrung schnell wieder rauskommt. Und wie macht er das? Indem er andere ebenfalls als Objekt behandelt und »Blöder Lehrer!« sagt.

Andere ermutigen, bessere Erfahrungen zu machen

Solche ungünstigen Erfahrungen sind häufig in unserer derzeitigen Beziehungskultur. Wir belehren ständig andere, wir wissen immer alles besser, wir müssen uns auf Kosten anderer erhöhen oder andere abwerten. Daraus ist eine ganze Kultur der gegenseitigen Abwertung geworden, in der die Menschen sich gegenseitig wie Objekte behandeln. So können keine positiven Lernerfahrungen gemacht werden und sich auch keine Potenziale entfalten.

In dem Augenblick, in dem Sie einen anderen Menschen einstufen und ihm eine Diagnose – sei es Burnout, Depression, Psychose, ADHS, Legasthenie oder Dyskalkulie – auf die Stirn schreiben, haben Sie ihn zum Objekt gemacht.

Könnte es anders gehen? Wir müssten eine Kultur des Umgangs miteinander entwickeln, in der wir uns gegenseitig nicht abwerten und nicht als Objekt behandeln, sondern einander als Subjekte sehen und auch so begegnen. Indem wir den anderen einladen und ermutigen und inspirieren, nochmals eine andere, günstigere Erfahrung machen zu wollen. Und hier geht es nicht darum, nur unsere Freunde und Gleichgesinnten einzuladen, sondern auch diejenigen, deren innere Einstellungen wir nicht gutheißen. Um jemanden einzuladen, den man nicht mag, müsste man so etwas wie ein Schatzsucher werden, der schaut, ob es nicht doch in dieser Person, die uns gegenüber sitzt, etwas gibt, das wir eventuell mögen. Wenn Sie sich darauf einlassen, dann machen Sie die schönste Entdeckung Ihres Lebens: Sie werden entdecken, dass es in jedem Menschen – und sei er Ihnen noch so unsympathisch – etwas gibt, das Sie mögen können. Und die spannendste Entdeckung, die Sie jetzt machen werden, ist, dass an diesem Anteil, den Sie mögen und nun auch gern einladen, die ganze Person dranhängt!

Einen Funken im Anderen entzünden

Es gibt Menschen, die es schaffen, andere nicht nur einzuladen und zu ermutigen, sondern sie sogar zu inspirieren. Menschen, die einfach Freude daran haben, einen Funken in anderen zu wecken, etwas in ihnen zu entzünden. Sie erwecken in ihnen die Lust, sich nochmals zu öffnen, nochmals etwas Neues anzufangen, nochmals die Augen aufzumachen.

Und das Wunderbare dabei ist, dass es irgendwie immer geht. Denn alle Menschen haben sich, sei es auch nur am Anfang ihres Lebens, als Entdecker und Gestalter auf den Weg gemacht und nicht als Objekte der Erziehungs- und Belehrungsmethoden anderer.

Welche Wirkung es hat, wenn man anfängt, Menschen in dieser Weise zu begegnen, kann man an einem Beispiel ablesen, das ich vor zehn oder fünfzehn Jahren noch nicht für möglich gehalten hätte und das vielleicht die größte pädagogische Leistung der letzten 50 Jahren darstellt. Damals waren noch alle der Überzeugung, dass Trisomie-21-Kinder mit Down-Symptomatik zu »blöd« sind, um unterrichtet zu werden – dass sie sowieso nichts lernen können. Sie wurden abgeschoben mit einem Stempel auf der Stirn: »Es geht nicht! Weg in die Heime!« Und jetzt haben die ersten dieser Kinder Abitur gemacht und studiert. Das ist ein großes Wunder, das uns zum Nachdenken anregen sollte. Einfühlsame Pädagogen haben irgendwann verstanden, dass diese Kinder so empfindsam sind, dass sie sofort dicht machen, wenn sie als Objekt behandelt werden. Diese offenen Pädagogen haben also nicht versucht, ihnen etwas beizubringen, sondern sie haben auf Augenhöhe Kontakt mit ihnen aufgenommen und beobachtet, an welchen Stellen ihre Augen leuchteten, wenn sie mit ihnen redeten. Und dieses Leuchten in den Augen entstand bei diesen Kindern immer dann, wenn sie in ihrer Einzigartigkeit ernst genommen, und nicht als Objekt behandelt wurden.

Wahrscheinlich lernen alle Kinder alles, wenn man sie entlang des Leuchtens in ihren Augen begleitet.

Eine Beziehungskultur auf Augenhöhe

Also, es würde gehen: Man könnte ein Leben lang glücklich werden, indem man immer wieder Neues dazulernt. Lernen ist ein Bedürfnis wie Atmen. Das einzige Problem ist, dass wir eine Kultur des Umgangs miteinander pflegen, die Kinder allzu oft daran hindert, ihre Potenziale wirklich zu entfalten.

Vielleicht schaffen wir es, künftig eine Beziehungskultur zu entwickeln, in der wir einander auf Augenhöhe begegnen, in der wir nicht andere Menschen mit unseren guten Ratschlägen und Vorstellungen, wie es zu sein hat, überschütten, sondern in der wir uns austauschen und unsere Erfahrungen miteinander teilen.

Lassen Sie uns eine Kultur gestalten, in der viel mehr gelernt wird und in der Kindern, Erwachsenen und älteren Menschen ein Leben lang das Gefühl erhalten bleibt, wie wunderbar es ist, immer wieder etwas Neues dazuzulernen. Das hört sich vielleicht nach einer Illusion an, aber es wird belohnt durch die Freude, die es macht, andere Menschen in ihrer Einzigartigkeit wachsen und über sich hinauswachsen zu sehen!

Voneinander und miteinander lernen: Argumente für eine neue Lernkultur in Kommunen

Wir haben seit einiger Zeit in vielen Bereichen unserer Gesellschaft überall das gleiche Problem. Nicht nur die Wirtschaft, auch Städte und Gemeinden erleben immer deutlicher, dass man in einer Welt begrenzter Ressourcen einfach nicht unbegrenzt weiter wachsen kann. Albert Einstein hat zwar schon vor längerer Zeit darauf hingewiesen, dass sich die Probleme, die wir mit bestimmten Strategien unseres Denkens erzeugt haben, nicht mit denselben Denk- und Vorgehensweisen lösen lassen. Und dennoch lautet die vorherrschende Devise der Bekämpfung der inzwischen auf allen Ebenen unserer gesellschaftlichen Entwicklung zutage tretenden Schwierigkeiten: noch mehr vom Alten, noch mehr Einsparungen – bei gleichzeitiger Forderung nach noch mehr Wachstum. So werden wir die Probleme unseres Bildungs- und Gesundheitssystems, unserer sozialen Absicherungssysteme, unseres Finanzwesens und Politikbetriebes wohl nicht beheben. In diesem Mahlstrom ständig wachsender und immer neuer ökonomischer und sozialer Probleme und den daraus resultierenden Einsparungs- und Effizienzverbesserungsentwürfen laufen vor allen Dingen unsere Kommunen, also unsere Städte, Dörfer und Gemeinden zunehmend Gefahr, ihre Eigenständigkeit zu verlieren und das, was sie leisten sollten, nicht mehr leisten zu können. Vor allem die kleinen Kommunen außerhalb der industriellen Zentren geraten zwangsläufig unter immer stärker werdenden finanziellen Druck: Jüngere Bürger wandern ab, Schulen und Kindergärten schließen, Vereine gehen an Nachwuchsmangel zugrunde und die medizinische Versorgung wird immer weiter ausgedünnt. Es bleiben die Älteren, für die sich das Leben dann auch immer schwieriger gestaltet. Eine Lösung ist nicht in Sicht. Das Umdenken fällt uns offenbar schwerer, als Albert Einstein seinerzeit gehofft hat.

Dieses Umdenken beginnt freilich im Kopf, und in der Tat hat unser Gehirn ja längst eine Lösung gefunden, um trotz des durch die Schädeldecke begrenzten Wachstums dennoch weiter zu wachsen und sich zeitlebens weiter entwickeln zu können – eben nicht durch die Vermehrung der Anzahl von Nervenzellen, sondern durch Intensivierung, Ausweitung und Verbesserung ihrer Verknüpfungen, also durch fortwährende Optimierung der Beziehungen zwischen den Nervenzellen. Auf Kommunen übertragen hieße das: Weiterentwicklung und damit auch echtes Wachstum sind zu jedem Zeitpunkt kommunaler Entwicklung möglich, aber nicht durch noch mehr Einwohner, mehr Gewerbetreibende, mehr Kinder oder gar mehr Geld, sondern durch eine günstigere Art des Umgangs miteinander, durch intensivere, einander einladende, unterstützende, ermutigende und inspirierende Beziehungen aller in einer Gemeinde oder Stadt lebenden Bürger.

Was Kommunen also brauchen, um zukunftsfähig zu sein, wäre eine andere, eine für die Entfaltung der in ihren Bürgern angelegten Potenziale und der in der Kommune vorhandenen Möglichkeiten günstigere Beziehungskultur, eine Kultur, in der jeder Einzelne spürt, dass er gebraucht wird, dass alle miteinander verbunden sind, voneinander lernen und miteinander wachsen können.

Eine solche Beziehungskultur ist die Grundlage für die Herausbildung so genannter individualisierter Gemeinschaften. Über Jahrhunderte hinweg bildete die Familie die Keimzelle solcher Gemeinschaften. Aber mit dem Zerfall der traditionellen Familienstrukturen, insbesondere der dafür typischen Großfamilien, sind auch die dort bisher herrschenden sozialen Erfahrungsräume für unsere Kinder verloren gegangen. Vor allem für Heranwachsende wird es deshalb gegenwärtig immer schwerer, die wichtige Erfahrung zu machen, dass sie mit ihren besonderen Begabungen, mit ihrem jeweiligen Wissen und ihren individuell erworbenen Fähigkeiten für die Sicherung des Fortbestands und die Weiterentwicklung der gesamten Gemeinschaft gebraucht werden. Wenn Familien solche Erfahrungsräume nicht mehr bieten können, dann müssten sie von jenen Gemeinschaften übernommen werden, in die die Familien eingebettet sind, also von den jeweiligen Kommunen, in die die Kinder und Jugendlichen hineinwachsen. Und damit fällt unseren Kommunen eine Aufgabe zu, für die sie sich bisher bestenfalls am Rande zuständig gefühlt haben. Es sieht so aus, als ob es nur gemeinsam weitergeht und wir eine andere Art des Umgangs miteinander brauchen, damit wir aus dieser Ressourcenausnutzungskultur herausfinden hin zu einer Kultur, in der die Potenziale des Einzelnen und die Potenziale, die in jedem Gemeinwesen stecken, auch tatsächlich entfaltet werden können.

Eine Transformation zu einer anderen Beziehungskultur ist möglich. Menschen machen im Laufe ihres Lebens günstige und ungünstige Erfahrungen, die im Gehirn abgespeichert werden, und zwar in den höchsten Bereichen, in der so genannten präfrontalen Rinde. Immer, wenn man als Kind oder Jugendlicher oder auch als Bürger einer Kommune das Gefühl hat und die Erfahrung machen muss, dass man dort eigentlich nicht so recht gesehen wird, dass man nur verwaltet wird, dass man sich nicht einbringen kann, dass man nicht gefragt wird, dass man nichts gestalten kann, dann ist das eine ungünstige Erfahrung. Solche Erfahrungen gehen nicht nur damit einher, dass man etwas Bestimmtes an kognitiven Inhalten erlebt. Die ruft man später auf, um zu beschreiben, wie das gewesen ist, man kann vielleicht noch die Personen benennen, die dafür verantwortlich sind. Neben diesen kognitiven Netzwerken, die in solchen Erfahrungssituationen im Gehirn aktiviert werden, wird aber immer dann, wenn wir eine Erfahrung machen, gleichzeitig ein zweites Netzwerk aktiviert, ein emotionales Netzwerk. Dieses Netzwerk rufen wir später auf, wenn wir uns noch mal daran erinnern, wie es war, als wir in so einer Kommune herangewachsen sind, in der wir zu wenige Möglichkeiten hatten, uns einzubringen. Dieses emotionale Netzwerk wird mit dem kognitiven Netzwerk verkoppelt. Was dann entsteht, wenn man solche Erfahrungen häufiger macht, ist deshalb eine gekoppelte emotional-kognitive Erfahrung.

Die nennt man im Deutschen eine innere Einstellung, eine Haltung, eine feste Überzeugung, die da heißen kann: In dieser Kommune möchte ich nicht bleiben, in dieser Kommune werde ich nicht gesehen, oder gar: Hier braucht mich keiner, hier bin ich wertlos. Es geht schneller als man denkt, dass Menschen im Zusammenleben mit anderen unter ungünstigen Bedingungen solch negativen Erfahrungen machen und daraus ungünstige Haltungen entwickeln.

Die frohe Botschaft aus der Neurobiologie heißt, solche einmal entstandenen Erfahrungen, wie sie wohl die meisten Mitbürger im Laufe ihres Heranwachsens in ihren jeweiligen Städten und Kommunen gemacht haben, können wieder aufgelöst werden, so dass im Gehirn eine neue, eine andere Verkopplung erfolgen kann. Dann verwandelt sich die alte Erfahrung in eine neue. Dazu braucht man freilich die Gelegenheit, eine solche andere, günstigere Erfahrung machen zu können, zum Beispiel die Erfahrung, dass man gebraucht wird, dass man gesehen wird, dass man gemeinsam etwas zustande bringt, was keiner allein kann, und was auch in der betreffenden Kommune, in der man zu Hause ist, bisher nicht vorstellbar war.

Wenn das passiert, dann wird an das ehemals mit einem negativen Gefühl gekoppelte Netzwerk nun ein positives Gefühl angekoppelt, und das heißt: Ich bin in dieser Kommune zuhause, man braucht mich, ich kann mit anderen gemeinsam Dinge in Gang bringen, die keiner allein schaffen kann.

Zu einer solchen neuen Erfahrung kann man Menschen aber nicht zwingen. Neue Erfahrungen lassen sich nicht anordnen. Hier helfen keine durchorganisierten Verwaltungsstrukturen. Was wir hier brauchen, sind Menschen in einer Kommune, die die anderen einladen, ermutigen und inspirieren, sich auf eine solche neue Erfahrung einzulassen. Und genau das ist diese andere Kultur des Umgangs miteinander, eine Kultur, in der sich jeder Mensch gesehen fühlt und in der jeder Mensch das Gefühl hat, dass er in seiner Einzigartigkeit, auf seine besondere Weise zum Gelingen von etwas beitragen kann, was alle gemeinsam wollen.

Haltungen und Erfahrungen werden im Frontalhirn verankert und bestimmen fortan all das, was Menschen denken, wie sie sich selbst einschätzen, welche Bewertungen sie vornehmen, auch worauf sie achten, was ihnen gleichgültig ist und worum sie sich kümmern. Erfahrungen bestimmen also im Grunde genommen das Verhalten von Menschen. Wenn man in einer Welt lebt, in der Menschen sich ungünstig zueinander verhalten, wenn Menschen immer wieder die Erfahrung machen, dass sie so, wie sie sind, nicht gesehen werden, dass sie keinen Platz finden in dieser Gemeinschaft, dann entwickeln sich aus diesen ungünstigen Erfahrungen ungünstige Haltungen.

Wenn sich die Beziehungskultur in einer Kommune verändert, verändern sich auch die Erfahrungen der dort lebenden Menschen. Weil das menschliche Hirn bis ins hohe Alter veränderbar ist, können auch ältere Mitbürger ihre Einstellungen und Haltungen noch verändern, wenn man ihnen die Möglichkeit bietet, tatsächlich neue Erfahrungen zu machen. Schöner wäre es natürlich, wenn Kinder, die in eine Gemeinschaft hineinwachsen, von Anfang an positive Erfahrungen in dieser Gemeinschaft machen könnten, und zwar alle.

Das Wichtigste, was Kinder brauchen, damit sie später mit anderen Menschen gut zusammenleben können, sind ja Erfahrungen im Umgang mit sehr unterschiedlichen Menschen. In den Großfamilien, in denen Kinder über die gesamte Menschheitsgeschichte bisher groß geworden sind, war das automatisch der Fall. Da hatte man einen Großvater, womöglich sogar einen Urgroßvater oder eine Urgroßmutter, mit denen man sich auf irgendeine Art und Weise unterhalten und dabei versuchen musste, sie zu verstehen. Gleichzeitig haben viele Kinder Verantwortung übernommen und sich um die Kleineren gekümmert. Es gab nie altershomogene Gruppen von Kindern, die alle gleich alt und gleich leistungsfähig waren, wie das in unseren gegenwärtigen Schulklassen der Fall ist, sondern es gab immer altersgemischte Gruppen, in denen es automatisch so war, dass das einzelne Kind sich nicht auf Kosten anderer profilieren und seine eigene Identität ausbilden konnte. Sondern jeder Einzelne konnte immer wieder die Erfahrung machen, dass er jemand ist, der anders ist als die anderen, der aber auch in der Lage ist, mit den anderen zurechtzukommen, der immer wieder Wege findet, um Konflikte zu lösen und das nicht nur mit Gleichgesinnten und Gleichaltrigen, sondern mit sehr vielen unterschiedlichen Menschen mit völlig unterschiedlichen Auffassungen und unterschiedlichen Erfahrungshintergründen.

Das alles ist in der gesamten Menschheitsgeschichte mehr oder weniger von allein gesichert gewesen durch die Tatsache, dass Kinder in Großfamilien groß geworden sind. Ungefähr seit dem Ende des Zweiten Weltkrieges begannen die Großfamilien zu verschwinden. Kinder sind jetzt, wenn man es etwas frech formuliert, »auf Gedeih und Verderb« den jeweiligen Vorstellungen ihrer Eltern ausgeliefert. Es gibt für viele niemanden mehr, zu dem sie gehen können, einem Onkel, einer Tante, einem Großvater, wenn die Mama mal wieder schlechte Laune hat. Und so lernen viele auch nicht mehr richtig, wie man mit anderen Menschen zurechtkommt. Im Ergebnis können wir beobachten, dass Kinder heranwachsen, die nicht mehr in der Lage sind, gut mit Menschen, die anders sind als sie, in Beziehung zu treten. Mit sehr alten oder sehr jungen, mit dummen oder schlauen, mit behinderten oder nicht behinderten oder sonstwie andersartigen. Viele dieser Kinder lernen heute nur noch, in ihren gleichaltrigen Gruppen zu kommunizieren, nur noch mit Gleichaltrigen Pläne zu schmieden und gemeinsame Erfahrungen zu machen. Inzwischen sind wir sogar noch einen Schritt weiter gekommen: Jetzt kann man diese gleichaltrigen Gruppen auch einfach im Internet, bei »Facebook«, zusammenstellen. Und wenn da welche dabei sind, die zwar gleichaltrig sind, aber doch irgendwie andere Meinungen haben, dann drückt man einfach einen Knopf und löscht sie weg. Auf diese Weise wachsen heute immer mehr Kinder heran, die nicht mehr in der Lage sind, mit andersartigen Menschen in eine konstruktive Beziehung zu treten.

Die Großfamilien kriegen wir nicht wieder. Wenn wir nicht wollen, dass eine ganze Generation von Kindern groß wird, deren Sozialkompetenzen nur unzureichend entwickelt sind, werden wir uns fragen müssen, wie wir das verhindern können. Wie können wir erreichen, dass unsere Kinder lernen, sich in komplexen sozialen Systemen zurechtzufinden und sich darin wohlzufühlen? In Kindergärten allein geht das nicht, denn da sind immer nur die Gleichaltrigen untereinander. Das Gleiche gilt für Schulen. Der einzige Raum, der einzige Erfahrungsraum, der hier zur Verfügung steht, um wirklich hoch komplexe soziale Erfahrungen zu machen, wäre die Kommune. Es wird also wahrscheinlich gar nicht anders gehen, als dass wir unsere Kommunen zu solchen hoch komplexen Erfahrungsräumen umgestalten, in denen die Kinder eingeladen, ermutigt und inspiriert werden, mit verschiedenen Menschen zurechtzukommen, mit alten, mit jungen, mit dummen, mit schlauen, mit kranken und mit gesunden. Dass sie mit denen reden und dass sie merken, alle sind Teil einer Gemeinschaft, alle gehören dazu und jeder kann auf seine besondere Weise dazu beitragen, dass das, was alle gemeinsam vorhaben, dann auch wirklich gelingt. Kommunen sind im Augenblick leider kaum in der Lage, solche Erfahrungsräume zu schaffen.

Wir nennen solche Erfahrungen und die daraus entstehenden komplexen Metakompetenzen, die im Hirn entstehen, »exekutive Frontalhirnfunktionen«. Und diese exekutiven Frontalhirnfunktionen kann man nicht in der Schule unterrichten: z. B. Sozialkompetenz; z. B. die Fähigkeit, Handlungen zu planen und die Folgen von Handlungen abzuschätzen; z. B. die Fähigkeit, auch mal irgendeinen Affekt, den man gerade hat, zu kontrollieren, ein bisschen Frust auszuhalten und nicht jedem Impuls gleich nachzugeben. Diese Metakompetenzen sind nur durch eigene, am eigenen Leib gemachte Erfahrungen im Hirn verankerbar. Wahrscheinlich ist das der Grund, weshalb die Afrikaner diesen wunderbaren Satz formuliert haben: »Um Kinder gut großzuziehen, braucht man ein ganzes Dorf.«

Unsere Kommunen, unserer Dörfer und Gemeinden müssten Adlerhorste sein, in denen die Überflieger und die Gestalter einer gemeinsamen Zukunft heranwachsen. Gegenwärtig gleichen sie aber eher Hühnerhöfen, in denen jeder froh ist, wenn er ein Korn findet, und in denen kaum noch einer bereit oder in der Lage ist, die Kleinen das Fliegen zu lehren. Das lässt sich ändern. Nicht durch Maßnahmen, nicht durch Programme, sondern durch den Aufbau einer anderen Kultur, einer anderen Beziehungskultur, einer anderen Art des Miteinanders.

Um eine solche »Neue Lernkultur in Kommunen« aufzubauen, müssten wir die Schulen und Kindergärten öffnen und die Kinder und Jugendlichen einladen, ermutigen und inspirieren, um in ihrem Stadtteil oder ihrem Dorf zu entdecken, was es dort zu entdecken gibt, etwas zu gestalten, was bisher noch keiner gestaltet hat, vielleicht einen Streichelzoo aufzubauen oder im Sommer einen Zirkus zu veranstalten oder eine Teestube aufzumachen. Es gibt viele Möglichkeiten, sich in das kommunale Leben einzubringen und sie alle führen dazu, dass Kinder diese ganz wichtige Erfahrung machen, nämlich: Ich bin selbst bedeutsam, ich nehme selbst an diesem kommunalen Leben teil, ich werde gebraucht – und vor allen Dingen: Ich kann mich in meinem direkten Lebensumfeld gemeinsam mit anderen um Dinge kümmern, um die sich vielleicht gerade die Erwachsenen alle nicht kümmern.

Ich will ein Beispiel nennen, das in Erfurt realisiert wurde und das mir ganz besonders gut gefällt, weil es deutlich macht, worum es geht und wie unter Umständen eine solche andere Beziehungskultur in Kommunen entstehen kann. Dort in Erfurt wurden Kinder aus Kindergärten und Grundschulen gefragt, ob sie nicht Lust hätten, »Botschafter der Freundlichkeit« zu werden. Vor allem die Kleinen fanden das ganz toll. Sie wurden gefragt, was sie denn dann alles machen könnten. Die Kinder haben sich daraufhin einen Lehrplan zusammengestellt, was jemand alles wissen muss, wenn sie oder er ein Botschafter der Freundlichkeit in Erfurt werden möchte: erkennen, wie es einem Mitbürger in der Kommune geht, an den Gesichtszügen dessen Gefühlszustand ablesen können, ihn ansprechen können auf eine Weise, dass er auch zuhört und vielleicht muss man einen Witz erzählen oder ein Lied singen können oder irgendetwas tun, dass er wieder fröhlich wird. Das haben sich die Kinder aufgeschrieben und sich schrittweise angeeignet. Dann haben sie sich gegenseitig eine Prüfung abgenommen. Da war sicherlich ein Erwachsener dabei, ein Erzieher oder ein Lehrer, aber jedes Kind, das die Prüfung zum Botschafter der Freundlichkeit bestanden hatte, bekam einen Anstecker mit einem Schriftzug »Botschafter der Freundlichkeit«.

Jeweils zu viert, je zwei Kindergartenkinder und zwei Grundschüler, sind sie dann in die Stadt gegangen, um Menschen zu suchen, die traurig waren. Sie haben die Menschen angesprochen und gefragt, ob sie irgendetwas für sie tun können, damit es ihnen wieder besser geht, sie sähen so aus, als ob sie gar nicht froh sind. Sie ahnen, was passiert – und das ist das eigentlich Neue an dieser Art und Weise des Aufeinander-Zugehens und Miteinander-Umgehens: Die älteren Mitbürger, die angesprochen wurden, bemerkten plötzlich, dass es Kinder in ihrer Stadt gibt, denen ihr Glück am Herzen liegt, die sich kümmern wollen, die aufmerksam sind, die auf sie zugehen und ihnen zu helfen versuchten. Für die Bürger war das eine völlig neue Erfahrung. Die Kinder fanden es wunderbar, dass sie solche Effekte erzielen konnten. Die Schulkinder haben auch eine wichtige Erfahrung gemacht. Sie haben nämlich gemerkt, dass die Kindergartenkinder noch viel unbefangener sind und viel leichter auf fremde Menschen zugehen als sie selbst. Viele hatten in der Schule diese Unbefangenheit schon verloren. Die Kindergartenkinder haben gemerkt, dass die Schulkinder schon ein Stück weiter sind, sich zum Beispiel besser in der Stadt auskennen und auch viel mehr Verantwortung für diesen ganzen Prozess übernehmen können. Auf diese Weise entstand eine Situation, die man als Win-Win-Win-Game bezeichnet. Und solche Situationen müssten wir schaffen. Wir könnten in unseren Kommunen viele solcher kleinen Aktionen in Gang bringen, die den Menschen helfen wieder zu erleben, wie schön es sein kann, wenn sie sich selbst nicht dadurch definieren, was sie alles mehr haben und besser können als andere. So entsteht ja eigentlich kein gutes Selbstbild, das ist eher ein egozentrisches Selbstbild, was da aufgebaut wird. Ein gutes Selbstbild entsteht dadurch, dass Menschen von klein auf die Erfahrung machen, dass sie sich so, wie sie sind, einbringen können, dass sie dazu gehören, dass sie Teil einer Gemeinschaft sind und dass sie auf ihre ganze besondere Weise mit ihren besonderen Fähigkeiten, ihren Talenten, ihren Begabungen und ihrem Wissen dazu beitragen können, eine Form des Miteinanders zu entwickeln, die dazu führt, dass eine Kommune dann auch tatsächlich die in ihr steckenden Potenziale entfalten kann.

Wir Menschen werden im Lauf unseres Heranwachsens niemals in der Lage sein, all diese unglaublichen Möglichkeiten zu nutzen, die unser Gehirn uns bietet. Wir bleiben alle eine mehr oder weniger starke »Kümmer-Version« dessen, was aus uns hätte werden können; eben deshalb, weil wir nicht alle Erfahrungen, die es auf dieser Welt gibt, selbst machen können. So wie unser Hirn keine Möglichkeit hat, seine Potenziale zu entfalten, wenn die Bedingungen dafür nicht günstig sind, so kann auch eine Gemeinschaft von Menschen, also eine Kommune, ein Dorf, eine Stadt, die Potenziale der Menschen, die dort wohnen, nicht entfalten, wenn es nicht gelingt, diese Menschen einzuladen und zu ermutigen. Sie zu inspirieren, eine Kultur des Miteinanders zu entwickeln, in der jeder Einzelne spürt, wie sehr er gebraucht wird, wie sehr jeder vom anderen lernen kann und wie gut alle gemeinsam über sich hinauswachsen können.

Sie merken, die Konstruktion einer Kommune und die Konstruktion eines Gehirns unterscheiden sich eigentlich gar nicht allzu sehr. Und alles, was die Hirnforschung in den letzten Jahren über die Herausbildung neuronaler Netzwerke und Beziehungsstrukturen im Hirn entdeckt und in die Öffentlichkeit getragen hat, gilt in gewisser Weise auch für eine Kommune, auch eine Kommune kann man so betrachten, als sei sie ein Gehirn. Und wie im Gehirn kommt es eben auch dort nicht darauf an, wie schnell man wächst und wie viele Bürger in dieser Kommune leben, sondern wie gut die Einzelnen miteinander verbunden sind.

Über die Atmosphäre, in der Bildung gelingen kann

Unter den immer weniger werdenden Kindern, die in unserem Land aufwachsen, gibt es leider noch immer viel zu viele, die ihre Potenziale nicht so entfalten können, wie das unter günstigeren Bedingungen möglich wäre. Zu viele Kinder und Jugendliche verlieren allzu früh ihre Lust am Lernen, am Entdecken und Gestalten. Sie entwickeln nur eine sehr eingeschränkte Beziehungsfähigkeit und erwerben nur unzureichende Kompetenzen. Bei zu vielen Kindern und Jugendlichen kommt es zu vielfältigen Defiziten ihrer körperlichen und psycho-emotionalen Entwicklung, die vermeidbar wären.

Die Zukunft unseres Landes wird aber von den Kindern und Jugendlichen gestaltet, die heute heranwachsen. Wollen wir keine Bruchlandung erleiden, müssen wir sie auf die Herausforderungen vorbereiten, die auf sie zukommen und denen wir schon jetzt gegenüberstehen. Wir müssen ihnen das nötige Rüstzeug zur Bewältigung dieser Aufgaben mit auf den Weg geben. Und das Wichtigste, was ihnen helfen wird, diesen Herausforderungen gewachsen zu sein, ist nicht mehr allein ihr Wissen – das kann künftig jederzeit verfügbar gemacht und abgerufen werden – sondern ihre Fähigkeit, sich das vorhandene Wissen nutzbar zu machen, es zu beurteilen, zu verstehen, anzuwenden und dadurch wieder neues Wissen hervorzubringen.

In der Industriegesellschaft des vorigen Jahrhunderts sollten die Menschen das in der Schule erworbene Wissen ein ganzes Leben lang anwenden. Deshalb brauchten sie gut eingeprägtes Sachwissen und solide Kenntnisse, auf die sie zeitlebens zurückgreifen konnten. In der Wissens- und Ideengesellschaft des 21. Jahrhunderts hat sich dieser Wissenspool enorm erweitert. Jetzt kommt es immer stärker darauf an, neue Herausforderungen annehmen und unbekannte Probleme lösen zu können. Die Schule wird daher künftig nicht nur auf die Durchführung von Routinen, sondern in erster Linie auf die Bewältigung von Vielfalt und Offenheit vorbereiten müssen. Damit ändert sich aber schlagartig auch die traditionelle Vorstellung von Bildung und Erziehung. Überall dort, wo Bildung stattfindet, geht es nun viel stärker um die Aneignung so genannter Metakompetenzen, um die Entwicklung von Haltungen und Einstellungen, um die Bereitschaft, sich auf neue Herausforderungen einzulassen, um die Lust am Entdecken und Gestalten, um Engagement, Teamfähigkeit und Verantwortungsbereitschaft.

Vor allem die Reformpädagogik hat diese neuen Anforderungen bereits zu einer Zeit erkannt, als für die meisten Menschen davon noch nichts zu ahnen war.

> Die Zeit ruft nach Persönlichkeiten, aber sie wird solange vergeblich rufen, bis wir die Kinder als Persönlichkeiten leben und lernen lassen, ihnen gestatten, einen eigenen Willen zu haben, ihre eigenen Gedanken zu denken, sich eigene Kenntnisse zu erarbeiten, sich eigene Urteile zu bilden; bis wir, mit einem Wort, aufhören, in den Schulen die Rohstoffe der Persönlichkeit zu ersticken, denen wir dann vergebens im Leben zu begegnen hoffen.
> (Ellen Key, schwedische Reformpädagogin, 1900).

Und genau hier, bei der Suche nach Lösungen, wie sich diese Forderungen in unserem gegenwärtigen Bildungssystem umsetzen lassen, gibt es eine enorme Bestätigung von einer Disziplin, der man das eigentlich kaum zugetraut hätte: der Neurobiologie.

Die Hirnforscher haben in den letzten zehn Jahren eine Vielzahl von Erkenntnissen darüber zutage gefördert, wie das Lernen funktioniert, unter welchen Voraussetzungen Bildungsprozesse gelingen können und unter welchen sie scheitern, unter welchen Bedingungen bei Kindern die Lust am Lernen, am Entdecken und am Gestalten entsteht und unter welchen sie vergeht.

Die Grunderkenntnis der modernen Neurobiologie heißt: Kinder, und zwar alle Kinder, kommen mit einer unglaublichen Lust am eigenen Entdecken und Gestalten zur Welt. Nie wieder ist ein Mensch so neugierig und so entdeckerfreudig und so gestaltungslustig und so begeistert, das Leben kennenzulernen, wie am Anfang seines Lebens. Diese Begeisterungsfähigkeit, diese enorme Lernlust und diese unglaubliche Offenheit der Kinder sind der eigentliche Schatz der frühen Kindheit. Und diesen Schatz müssen wir besser als bisher bewahren und hegen. Es geht also weniger darum, mit Hilfe von Förderprogrammen Kindern immer schneller immer mehr Wissen beizubringen. Was wir brauchen sind Programme, die verhindern, was viel zu häufig heute noch immer passiert, nämlich dass Kinder irgendwann die Lust am Lernen verlieren, dass sie null Bock auf Schule haben.

Die Frage, unter welchen Bedingungen Kinder und Jugendliche ihre intrinsische Lust am Lernen und Gestalten weiter entwickeln und zu starken, verantwortungsbewussten und teamfähigen Persönlichkeiten heranreifen können, lässt sich inzwischen aus neurowissenschaftlicher Sicht recht gut beantworten. Interessanterweise bestätigen die Hirnforscher mit ihren neuen Erkenntnissen vieles von dem, was von Pädagogen seit jeher eingefordert und in erfolgreichen innovativen Schulmodellen längst umgesetzt worden ist: Anstelle der bisherigen extrinsischen Verfahren zur Verbesserung der Lernleistungen müssen Bedingungen, also Erfahrungs- und Gestaltungsräume, geschaffen werden, die die intrinsische Motivation der Kinder und Jugendlichen zum Lernen und Gestalten, zum Mitdenken und Mitgestalten wecken und stärken.

Allerorten wird eine Erhöhung der Qualität von Bildungsmaßnahmen gefordert und angestrebt. Die konkrete Gestaltung von Bildungsangeboten, die Art der Wissensermittlung, die Didaktik und Methodik des Unterrichtens kann auf eine Vielzahl von sehr gut validierten und bewährten Verfahren zurückgreifen. Viele dieser Verfahren sind auch aus neurobiologischer Perspektive sinnvoll und begründbar. Hier wird es in Zukunft ein großes Feld für Zusammenarbeit geben.

Doch bevor man an Einzelmaßnahmen geht, um die Qualität von Unterricht zu erhöhen, sind folgende »hirngerechte« Voraussetzungen für gelingende Bildung grundsätzlich voranzustellen:

»Hirngerecht« sind Bildungsangebote für Kinder (wie auch für Jugendliche und Erwachsene) immer dann,
- wenn sie »Sinn machen«, d. h. bedeutsam und wichtig für das betreffende Kind sind, sei es auch nur, dass sich jemand über das, was das Kind gelernt hat, aufrichtig freut;
- wenn sie als eigene Erfahrung am ganzen Körper, mit allen Sinnen und unter emotionaler Beteiligung erfahren werden, wenn sie also »unter die Haut« gehen;
- wenn die so gewonnenen Einsichten, Erfahrungen, Kenntnisse und Fähigkeiten sich im praktischen Lebensvollzug als nützlich und vorteilhaft, d. h. praktisch anwendbar erweisen, auch und gerade außerhalb von Kindergarten und Schule.

Aber selbst, wenn diese Voraussetzungen erfüllt sind, wenn das neue Wissen und Können also bedeutsam, anknüpfbar, ganzheitlich und emotional erfahrbar und als praktisch nutzbar erkannt und erlebt werden kann, wird die Frage nach Qualität, Didaktik und Methodik des Unterrichts erst dann interessant, wenn die Kinder und Jugendlichen auch offen für diese Bildungsangebote sind. Kinder und Jugendliche brauchen nicht nur Aufgaben, an denen sie wachsen können, und Herausforderungen, die sie zu bewältigen lernen, sie brauchen auch Rahmenbedingungen, die es ihnen ermöglichen, sich diesen Aufgaben zu stellen und diese Herausforderungen anzunehmen.

»Die Pflanzen wachsen nicht schneller, wenn man daran zieht«, lautet eine alte Gärtnerweisheit, die nun ebenfalls durch die Befunde der Entwicklungsneurobiologen bestätigt wird. Die kleinen Pflänzchen muss man gießen, gelegentlich düngen und auch einigermaßen von Unkraut frei halten, damit sie optimal gedeihen können.

Auf die Kinder und Jugendlichen bezogen heißt das, wir brauchen eine neue Kultur in unseren Bildungseinrichtungen, eine Kultur der Wertschätzung, der Anerkennung, der Ermutigung und der gemeinsamen Anstrengung. Überall dort, wo diese wertschätzende, unterstützende und gleichzeitig zu Höchstleistungen ermutigende und anspornende Beziehungskultur entwickelt wird, sprechen die Erfolge für sich.

Der umgekehrte Weg eines überhöhten Leistungsdrucks, einer rein an vermeintlicher Effizienz ausgerichteten »Beschulung« der Kinder und Jugendlichen hat aus neurowissenschaftlicher Sicht fatale langfristige Konsequenzen: Die unter solchen Bedingungen erworbenen Erkenntnisse und Fertigkeiten werden mit den in der betroffenen Situation erlebten negativen Gefühlen von Angst, Verunsicherung, Abwertung und Ohnmacht verkoppelt. Diese Koppelungsphänomene haben zwangsläufig zur Folge, dass nicht nur die jeweilige Tätigkeit (Lernen und Üben), sondern auch der Ort (Kindergarten oder Schule) und sogar die betreffende Person (die Erzieherin oder der Lehrer) fortan »angstbesetzt« wahrgenommen und bewertet werden. Das freilich sind die schlechtesten Voraussetzungen für die weitere Entfaltung von Offenheit, Interesse und Kreativität in der betreffenden Bildungseinrichtung.

Aus der Stressforschung ist hinreichend bekannt, was die Entstehung und Ausbreitung von Angst verhindert: Vertrauen.

Damit Bildung aus neurowissenschaftlicher Sicht gelingen kann, müssen die Bildungseinrichtungen also zu Orten werden, die Kinder und Jugendliche gern aufsuchen, wo sie sich sicher und geborgen, unterstützt und wertgeschätzt und natürlich von Erziehenden und Lehrkräften in ihrer Einzigartigkeit gesehen und kompetent begleitet fühlen. Entscheidend ist dabei – auch das ist eine wichtige neue Erkenntnis der Hirnforschung – immer die subjektive Bewertung. Die eigenen Gefühle des Kindes, nicht die objektiv herrschenden Umstände oder die behördlich geregelten Verhältnisse sind ausschlaggebend dafür, ob ein Kind seine Potenziale entfalten kann oder ob es sie aus Angst unterdrücken muss.

Aber allein dadurch, dass anstelle der bisher vorherrschenden Angst sich mehr Vertrauen in unseren Bildungseinrichtungen ausbreitet, gelingt noch immer keine Bildung. Kinder und Jugendliche brauchen auch Vorbilder, denen sie nacheifern, und Ziele, für deren Erreichen es lohnt, sich anzustrengen. Und sie brauchen irgendwann auch Visionen davon, wie ihr Leben gelingen kann. Was also in unseren Bildungseinrichtungen geweckt werden müsste, ist das, was schon Saint-Exupery so eindringlich eingefordert hat:

> Willst Du ein Schiff bauen, rufe nicht die Menschen zusammen, um Pläne zu machen, die Arbeit zu verteilen, Werkzeug zu holen und Holz zu schlagen, sondern lehre sie die Sehnsucht nach dem großen, endlosen Meer.

Ein Paradigmenwechsel in der Gestaltung von Bildungsprozessen ist aus dieser Perspektive unausweichlich.

Die Bedeutung von Geist und Haltung aus neurobiologischer Sicht

Von Viktor E. Frankl stammt der bemerkenswerte Hinweis, das Heil der Welt liege nicht in neuen Maßnahmen, sondern in einer anderen Gesinnung, einer »neuen Menschlichkeit«. Nachdem wir im letzten Jahrhundert erleben mussten, welch unvorstellbares Leid von selbsternannten Heilsbringern und der Verbreitung ihres Ungeistes ausgegangen ist, bleibt es nur allzu verständlich, dass uns heute noch immer die Zunge den Dienst versagt und im Gehirn heftige Alarmreaktionen in Gang gesetzt werden, wenn wir diesen Hinweis zu lesen und zu verstehen suchen. Den Begriff ›Gesinnung‹ haben wir längst in der Rumpelkammer unseres Sprachzentrums in einer tief liegenden, kaum mehr zugänglichen Furche des Broca-Areals vergraben. Dort würden wir ihn auch gern weiter ruhen lassen, ebenso wie die anderen beiden Begriffe, die so eng mit dem zusammenhängen, was Gesinnung meint: Haltung, die eine Person in ihrem Verhalten zum Ausdruck bringt, und Geist, der es Menschen in Gemeinschaften ermöglicht, gemeinsame Erfahrungen zu machen, gemeinsame Ziele zu verfolgen, ein Gefühl von Zugehörigkeit zu erleben.

Es ist unangenehm und erzeugt beträchtlichen Widerstand, diese bereits weitgehend dem Vergessen anheimgegebenen oder – wo das nicht gelang – doch Jahrzehnte lang so tapfer unterdrückten und vom tagtäglichen Leben und Zusammenleben abgespaltenen Begriffe wieder aus der Mottenkiste hervorzuholen. Aber zum Glück verfügen wir ja über ein zeitlebens lernfähiges Gehirn. Und wir können damit denken und tun, was wir wollen. Wir können bei dem, was wir denken und tun, auch bei dem, was wir am liebsten nicht denken wollen und nicht zu tun bereit sind, Fehler machen. Wir müssen sogar immer wieder Fehler machen. Denn nur aus unseren Fehlern können wir lernen, wie wir sie künftig vermeiden. Ich möchte Sie daher einladen, gemeinsam mit mir darüber nachzudenken, ob es möglicherweise ein Fehler war, die Begriffe ›Geist‹ und ›Haltung‹ aus unserem Sprachschatz zu verbannen – und damit auch aus unserem Leben und unserem Zusammenleben in der Familie, im Kindergarten, in unseren Schulen und allem, was danach kommt. Denn eines wird auf der Ebene all dieser Gemeinschaften inzwischen unübersehbar und auch nicht mehr länger verdrängbar: Wenn sich niemand um den Geist kümmert, der in einer menschlichen Gemeinschaft herrscht, kommt über kurz oder lang ein anderer Geist, und dann ist es fortan dieser von irgendwoher eingewanderte Ungeist, der das Zusammenleben in der jeweiligen Gemeinschaft zunehmend bestimmt, der das Denken, Fühlen und Handeln der Mitglieder dieser Gemeinschaft beherrscht und damit auch all die Haltungen hervorbringt, die die Mitglieder einer solchen Gemeinschaft in diesem geistigen Klima zwangsläufig entwickeln.

Der Crash unseres Banken- und Finanzsystems vor zehn Jahren bietet uns eine gute Gelegenheit, noch einmal sehr ernsthaft darüber nachzudenken, wie sehr alles und was alles aus dem Ruder läuft, wenn sich ein Ungeist innerhalb einer Gemeinschaft ausbreitet, der die Haltungen der Mitglieder dieser Gemeinschaft bestimmt. Was für unser Finanzsystem gilt, gilt ebenso für unser Bildungssystem. Und was für die in dieses Finanzsystem eingebundenen Banken gilt, gilt auch für die in unser Bildungssystem eingebundenen Schulen. Es lohnt sich also vielleicht doch, sich genauer anzuschauen, welcher Geist gegenwärtig in unseren Schulen herrscht und mit welchen Haltungen Schulleiter, Lehrer und Schüler vor allem in den besonders gut an den Geist unseres Bildungssystems angepassten und von ihm abhängig gewordenen Schulen unterwegs sind.

Tausendmal probiert, und tausendmal ist nichts passiert: Die Grenzen der Machbarkeit

Das aus dem letzten Jahrhundert stammende und an der Funktionsweise von Maschinen orientierte Denken hat uns dazu verleitet, Menschen wie Maschinen zu betrachten. Dazu zählen auch die Lehrerinnen und Lehrer. Deshalb wurden sie – so gut es ging – auf ihr Funktionieren hin optimiert: in der Lehrerausbildung und durch Fortbildungsmaßnahmen – mit dem Ziel, sie mit dem für ihre Funktion erforderlichen Wissen und Können auszustatten. Anschließend wurde durch – mehr oder weniger geeignete – Wartungsmaßnahmen dafür gesorgt, dass sie möglichst lange funktionstüchtig blieben. Ebenso wie die Lehrer sind auch Schüler Menschen. Und weil sie ebenfalls als durch geeignete Maßnahmen zu optimierende Maschinen betrachtet wurden, gab es immer neue Bildungspläne, Beschulungsvorgaben, Unterrichtsgestaltungsvorschriften, Lernzielvereinbarungen und unzählige andere Maßnahmen, die, von den Lehrern kompetent eingesetzt, dazu führen sollten, dass diese Schüler gebildet wurden. PISA lässt grüßen ...

Das Dumme an diesen, wie auch an allen noch kommenden Maßnahmen ist nur, dass man durch Maßnahmen keine Haltungen verändern oder hervorbringen kann, weder aufseiten der Lehrpersonen noch aufseiten derjenigen, die von diesen Lehrpersonen belehrt, beschult oder unterrichtet werden. Jedenfalls nicht die Haltungen, derer es bedürfte, damit das Lehren und Lernen in der Schule gelingen kann.

Auch wenn nichts passiert, passiert etwas: Druck erzeugt Spannungen

Wie uns die Hirnforscher inzwischen mit Hilfe ihrer neuen bildgebenden Verfahren zeigen, lernt das Gehirn immer. Allerdings nicht immer das, was es soll. Es lernt vor allem durch am eigenen

Leib gemachte Erfahrungen. Und nun dürfen Sie dreimal raten, was ein Lehrer oder ein Schüler für Erfahrungen sammelt, die sich dann in seinem Frontallappen in Form komplexer Netzwerke verdichten und als erworbene Haltungen verankert werden, wenn sich Lehrer wie Schüler als Objekte irgendwelcher von oben verordneter, von ihnen nicht immer zu verstehender und noch seltener selbst zu gestaltender Maßnahmen erleben ...

Richtig, sie entwickeln eine Haltung, die man weder sehen noch messen kann, die manche lauthals äußern, andere stillschweigend ertragen. Zum Ausdruck kommt diese Haltung auf vielfältige Weise. Aber das gemeinsame Merkmal all dieser Haltungen und des aus diesen Haltungen erwachsenden Verhaltens ist offenkundig: Sie machen immer neue, noch effizientere Maßnahmen erforderlich. Sie vergiften die Atmosphäre der Schule und sie töten ihren Geist – falls es dort je einen gab.

Damit schaffen sie Raum für den Einzug eines anderen Geistes, beispielsweise eines Verwaltungsgeistes, eines Pflichterfüllergeistes oder eines Klagegeistes. Und der erzeugt dann die entsprechenden zu diesem Geist passenden Haltungen. So entsteht ein sich selbst stabilisierendes, von oben durch einen Ungeist und von unten durch dazu passende Haltungen wechselseitig gestütztes System. Das fällt so schnell nicht zusammen. Das verändert sich auch nicht. Und es bringt immer nur das Gleiche hervor: unglückliche Lehrer und unglückliche Schüler. Wer aber nicht das bekommt, was er zum Glücklichsein braucht, nimmt sich das, was ihm mit der Verheißung des Glücklichmachens angeboten wird: Ersatzbefriedigungen. Jedenfalls, solange er sich auf dieses Spiel einlässt. Wer das nicht kann, weil er noch eine andere Haltung hat, wird entweder krank oder zum Initiator und Inspirator und damit zur Keimzelle eines Veränderungsprozesses. Der beginnt zwangsläufig nicht oben, sondern unten. Und er wird auch nicht getragen durch neue Maßnahmen, sondern durch eine andere Gesinnung.

Haltungen entstehen durch Erfahrungen

Noch einmal: Das Gehirn lernt durch Erfahrungen. Und die wichtigsten Erfahrungen machen Menschen in ihrer Beziehung zu anderen Menschen. Im Gegensatz zu all dem im Lauf des Lebens, in der Schule und oft auch schon im Kindergarten auswendig gelernten Wissen, bilden die in der Beziehung zu den Phänomenen der äußeren (primär von anderen Menschen gestalteten) Welt gemachten Erfahrungen die Grundlage für alle späteren Bewertungen – vor allem bei der Lösung von (meist von anderen verursachten) Problemen und bei der Bewältigung von (meist von anderen geschaffenen) Herausforderungen.

Alle Erfahrungen, die wir machen und die zur Bahnung und Strukturierung dieser sich im präfrontalen Cortex herausbildenden neuronalen Netzwerke führen, sind dadurch gekennzeichnet, dass sie »unter die Haut« gehen. Es kommt also immer dann, wenn wir eine neue Erfahrung machen, zu einer gleichzeitigen Aktivierung kognitiver Netzwerke: Was war los? Was habe ich wahrgenommen? Wie habe ich reagiert? Mit welchem Effekt? Ebenso werden emotionale Netzwerke aktiviert: Wie hat sich das angefühlt? Wie ist es mir ergangen? Was habe ich empfunden? Diese simultane Aktivierung emotionaler und kognitiver Netzwerke führt dazu, dass die betreffenden Netzwerkstrukturen aneinander gekoppelt, miteinander verbunden werden. Erfahrungen sind also niemals *nur* kognitiv oder *nur* emotional, sondern immer gleichzeitig kognitiv *und* emotional verankert. Wiederholt gemachte Erfahrungen verdichten sich dabei auf einer Metaebene zu einer Art Integral über alle bisher gemachten ähnlichen Erfahrungen. Dieses so abgespeicherte »Erfahrungsintegral« bildet dann die Grundlage für das, was wir »Haltung«, »innere Überzeugung« oder eben sehr verstaubt auch »Gesinnung« nennen. Haltungen sind immer durch eigene, am eigenen Leib und unter emotionaler Aktivierung gemachte Erfahrungen entstanden.

In engen emotionalen Beziehungen können Haltungen auch von anderen Menschen (engen Bezugspersonen) übernommen werden.

Haltungen verändern sich nur durch neue Erfahrungen

Genau deshalb, weil unsere Haltungen auf erfahrungsbedingten emotional-kognitiven Kopplungsphänomenen beruhen, sind sie so schwer veränderbar. Weder gelingt es, die Haltung eines Menschen durch kognitive Strategien zu verändern (überreden, belehren, unterrichten etc.), noch sind emotionale Strategien (Bestrafung, Belohnung, Umarmung, Zuwendung) geeignet, einmal erworbene Haltungen eines Menschen zu verändern. Im ersteren Fall wird nur der kognitive Anteil des für die Haltung verantwortlichen Netzwerks aktiviert, der emotionale Anteil hält das betreffende Netzwerk jedoch in seiner gekoppelten Struktur gefangen.

Im letzteren Fall wird nur der emotionale Anteil des betreffenden Netzwerks erregt, nicht aber der daran gekoppelte kognitive Anteil. Deshalb bleibt auch die Strategie von »Küssen und Umarmen« (sog. Kuschelpädagogik) wirkungslos, wenn es darum geht, die Haltung eines Menschen zu verändern.

Angesichts dieser Situation wird das Dilemma begreiflich, vor dem jeder Schulveränderer steht: Das, was zu verändern wäre, sind die Haltungen (der Schulleiter, der Lehrer, der Schüler, auch der Eltern). Aber genau die lassen sich durch all die Verfahren, die seit Generationen eingesetzt worden sind, um zu erreichen, dass Menschen sich so verhalten, wie das wünschenswert erschien, nicht verändern: durch gutes Zureden nicht, durch kluge Ratschläge nicht, nicht durch Bestrafung oder Belohnung, noch nicht einmal durch liebevolle Zuwendung und Umarmungen.

All das, was bisher immer wieder versucht worden ist, um Menschen zu verändern, funktioniert also nicht, wenn es darum geht, einen Menschen zu einer Änderung seiner Haltung, seiner inneren Überzeugung, seiner Gesinnung zu bewegen.

Das Einzige, was geeignet wäre, Haltungen zu verändern, ist genau das, was wir in unserer vom Machbarkeitswahn und von Effizienzdenken geprägten Welt am wenigsten beherrschen: andere Menschen einzuladen, zu inspirieren, sie zu ermutigen, noch einmal eine neue Erfahrung zu machen. Weil individuell erworbene Haltungen durch entsprechende Erfahrungen entstanden sind, können andere Haltungen auch nur durch andere Erfahrungen gemacht und im Hirn verankert werden. So einfach ist das. Und doch so schwer für all jene, die nicht in der Lage sind oder die Fähigkeit verloren haben, andere Menschen einzuladen, zu inspirieren, zu ermutigen, eine neue Erfahrung zu machen. Denn um andere Menschen einladen, inspirieren, ermutigen zu können, muss man diese Anderen mögen, müssen einem diese Anderen wichtig sein, ebenso wie das, wozu man sie gern einladen, inspirieren und ermutigen möchte. Dienstleister und Pflichterfüller sind dazu einfach nicht in der Lage. Sie haben keine dafür geeignete Haltung.

Haltungen brauchen ein stabilisierendes Dach, und dieses Dach ist der jeweils herrschende Geist

Was die Haltung auf der Ebene des Individuums bewirkt, bewirkt der Geist auf der Ebene einer Gemeinschaft. So, wie die individuellen Haltungen, die ein Mensch im Lauf seines Lebens aufgrund seiner gemachten Erfahrungen ausbildet, entscheidend dafür sind, wie und wofür der Betreffende sein Gehirn benutzt und damit auch nutzungsabhängig strukturiert, so ist es der innerhalb einer Schulklasse, innerhalb einer Schule oder innerhalb einer anderen Gemeinschaft herrschende Geist, der darüber bestimmt, welche Erfahrungen die einzelnen Mitglieder dieser Gemeinschaft machen können und welche Haltungen sie innerhalb dieses geistigen Erfahrungsraums entwickeln. Äußerlich erkennt man den Geist einer Schule an dem dort herrschenden Klima. Und wenn das Klima in einer Schule oder einer Schulklasse immer kälter wird, muss sich jeder Einzelne, Lehrer wie Schüler, dort zwangsläufig wärmer anziehen.

Ebenso wenig, wie sich eine lernförderliche, die Entfaltung individueller Potenziale ermöglichende Haltung bei Lehrern und Schülern durch Maßnahmen herstellen lässt, kann man einen diese Haltung hervorbringenden und stabilisierenden Geist durch irgendwelche Regelungen, Vorschriften oder Appelle erzeugen. Damit ein solcher anderer Geist, also ein günstiges Klima für das Lehren und Lernen in einer Schule entstehen kann, muss sich jemand um diesen Geist kümmern. Dazu müssen Erfahrungsräume geschaffen werden, die die Herausbildung eines solchen »guten Geistes« der gegenseitigen Wertschätzung, Achtung und Unterstützung, der Leistungs- und Lernbereitschaft, des Herausforderns und des Förderns und des miteinander Lebens und Lernens, also im weitesten Sinn der Potenzialentfaltung aufseiten der Lehrer wie auch aufseiten der Schüler ermöglichen.

Ein solcher Potenzialentfaltungsgeist kann freilich nur dann in einer menschlichen Gemeinschaft entstehen, wenn das Zusammenleben und das gemeinsame Lernen nicht mehr von Angst, Leistungsdruck und Wettbewerb bestimmt werden. Innerhalb dieses Druck erzeugenden Wettbewerbssystems sind es zwangsläufig immer diejenigen, die am wenigsten verängstigt, unterdrückt und von anderen abhängig geworden sind, also die stärksten, authentischsten Persönlichkeiten, die den Geist einer Schule bestimmen. Das sollte eigentlich der Leiter oder die Leiterin sein. Aufgrund ihrer besonderen Stellung, ihrer langen Erfahrung, ihrer starken Persönlichkeit und ihrer bewusst zum Ausdruck gebrachten Haltungen müssten sie am ehesten in der Lage sein, andere einzuladen, zu inspirieren und zu ermutigen, eine neue Erfahrung zu machen. Sie könnten am leichtesten die entsprechenden Rahmenbedingungen für solche neuen Erfahrungen schaffen. »Supportive Leadership« heißt nichts anderes, als dass derjenige, der mehr Einfluss, Verantwortung und Erfahrung besitzt, alles was in seiner Macht steht, auch wirklich tut, um die Potenziale seiner Mitarbeiter zur Entfaltung zu bringen.

Leider ist dieser Führungsstil auch in Wirtschaftsunternehmen noch nicht allzu weit verbreitet. Aber überall dort, wo er bereits praktiziert wird, sprechen die Erfolge für sich. Die alte Ressourcenausnutzungskultur verwandelt sich dann nämlich in eine zukunftsfähige Potenzialentfaltungskultur. Und wo wäre genau das dringender erforderlich als in unseren Schulen? Denn das ist ja eine weitere wichtige Erkenntnis der Neurobiologie: Die Potenziale, mit denen jedes Kind auf die Welt kommt und die in Form eines immensen Überangebots synaptischer Verknüpfungsangebote in seinem Gehirn bereitgestellt werden, sind weitaus größer, als das, was nach seiner »erfolgreichen« Beschulung davon übrig bleibt. Hier geht unglaublich viel Potenzial verloren. Hier wäre noch einiges zu tun. Aber wie packen wir das an? Wie bringen wir einen Potenzialentfaltungsgeist und die entsprechenden Haltungen in unsere Schulen?

Ein praktisches Beispiel:
Neue Lernkultur in Kommunen

Es gibt eine ganz Reihe von Schulen, in denen es einem engagierten Schulleiter oder einer Schulleiterin tatsächlich gelungen ist, die Rolle eines »Supportive Leader« zu übernehmen und die für einen Kulturwandel bzw. für die Entstehung eines neuen Geistes erforderlichen Rahmenbedingungen zu schaffen. Was sich daraus entwickelt hat, sind Inseln des gelingenden Lehrens und Lernens. Hier geschieht endlich das, was Bildung in Wirklichkeit ausmacht: begeisterte Selbstbildung. Nicht die passive Aneignung von Wissen, sondern das Wecken eines Geistes, der neue Erkenntnisse und neues Wissen aktiv hervorbringt.

Aber auch Inseln des Gelingens bleiben anfällig für Störungen. Vor allem dann, wenn sie noch sehr klein sind und weit und breit kein festes Land in Sicht ist, wenn sie also nicht in ein übergeordnetes System mit einem entsprechenden Potenzialentfaltungsgeist eingebettet sind. Das könnte beispielsweise die jeweilige Kommune sein, in der diese Schule beheimatet ist. Man müsste versuchen, nicht einzelne Schulen, sondern eine ganze Kommune in eine Insel neuer Lernkultur zu verwandeln. Dabei geht es um mehr als um Mitbestimmung und Mitgestaltung des kommunalen Lebens. Es geht um eine neue Kultur des Sich-Einbringens, des Miteinander-Wachsens und des Gemeinsam-über-sich-Hinauswachsens nicht nur der nachwachsenden Generation, sondern möglichst vieler Mitglieder der gesamten Kommune.

In diesen neuen Geist eingebettet, werden Schulen davon automatisch erfasst und getragen. Ziel ist also ein Kulturwandlungsprozess, der nicht von einzelnen Schulen, sondern vom übergeordneten System der gesamten Kommune in Gang gebracht und getragen wird.

Die Verwandlung von Schulklassen in Lerngemeinschaften

Stellen Sie sich vor, wir würden die Entstehung eines »Klassengeistes« in neu zusammengestellten Schulklassen nicht dem Zufall überlassen, sondern bewusst und gezielt Rahmenbedingungen dafür schaffen, dass sich ein »Potenzialentfaltungsgeist« in diesen Klassen entwickeln kann. Die Schüler solcher Klassen wären dann nicht länger wie bisher gezwungen, den überwiegenden Teil der Unterrichtszeit damit zu verbringen, ihre jeweiligen Rollen innerhalb des sozialen Beziehungsgefüges der Klasse zu finden und zu stabilisieren. Sie wären auch nicht länger wie bisher üblich gezwungen, ihr schwaches Ego auf Kosten anderer Mitschüler aufzuwerten, hätten Verständnis für eigene Schwächen und die Schwächen anderer und könnten ihre eigenen Stärken und die besonderen Fähigkeiten anderer wertschätzen. Und sie hätten ein gemeinsames Ziel: ihre Schulzeit optimal zu nutzen, um sich Bildung anzueignen. Eine solche Klasse wäre dann ein Team mit einem Teamgeist, der in der Lage ist, Berge zu versetzen.

In solchen Klassen zu unterrichten, wäre ein Genuss für jeden engagierten Lehrer. Mühelos ließe sich der Unterrichtsstoff vermitteln und erweitern.

Klassen, die einen derartigen Potenzialentfaltungsgeist entwickeln, gibt es. Jeder Lehrer kennt sie und behält sie noch Jahre lang in Erinnerung. Aber bisher überlassen wir ihre Entstehung dem Zufall. Warum eigentlich?

Weshalb nehmen wir unsere Funktion als Erwachsene nicht konsequent wahr und kümmern uns darum, dass ein solcher Geist und die durch diesen Geist geprägten Haltungen in unseren Schulklassen entstehen können? Gäbe es mehrere solche von einem Potenzialentfaltungsgeist erfassten Schulklassen, würde sich womöglich dieser Geist in der gesamten Schule ausbreiten. Wirtschaftsunternehmen holen sich professionelle Teambuilder in ihre Betriebe. Schulen könnten das auch.

Die Strukturierung des menschlichen Gehirns und die Herausbildung von Bewusstsein durch soziale Erfahrungen

Panta rei, alles ist in Bewegung, alles entwickelt sich und nichts bleibt so, wie es einmal war. Heraklit soll dieses Bild eines dahinfließenden Flusses gefunden haben, um das zu beschreiben, was sich wohl nur mit einem menschlichen Gehirn begreifen lässt: Die Welt, in der wir leben, verändert sich, wir selbst auch. Manche Veränderungen vollziehen sich langsam und die Richtung dieser Veränderungsprozesse ist nur schwer auszumachen. Das gilt vor allem für die unbelebte Welt. Vieles fliegt seit dem Urknall mehr oder weniger rasch auseinander, anderes fügt sich unterwegs aber auch wieder zusammen und bildet neue, komplexere Strukturen. Elementarteilchen vereinigen sich zu Atomen, Atome zu Elementen, Elemente zu Verbindungen, Verbindungen zu all den Stoffen, die die tote Welt ausmachen und formen. Zustande kommt all das dadurch, dass etwas miteinander in Beziehung tritt, auf spezifische Weise und festgelegt durch die eigene Struktur.

In der lebendigen Welt setzt sich dieser Prozess der Herausformung zunehmend komplexer werdender Beziehungen fort. Manchmal kommt dieser immer breiter werdende Fluss lebendiger Beziehungen langsamer, manchmal schneller voran. Manchmal verläuft der Entwicklungsprozess scheinbar auch wieder rückwärts, beispielsweise wenn bereits komplexer gewordene Lebensformen wieder einfacher werden (Viren, Parasiten).

Durch den Wettbewerb werden einzelne Arten in Spezialisierungen getrieben, die ihre Beziehungsfähigkeit zu anderen Lebensformen zunehmend einschränken und die Herausbildung komplexerer Formen von Beziehungen behindern (Spezialisten für strenge ökologische Nischen wie große Hitze, ewiges Eis, ständige Dürre etc.). Solche »Spezialisten« bleiben bisweilen sehr lange auf der einmal erreichten Entwicklungsstufe stehen. Meist verlieren sie dabei ihre Anpassungsfähigkeit. Wenn sich die Lebensbedingungen in ihren einmal erschlossenen speziellen Nischen ändern, sterben sie aus.

Weiter voran im großen Entwicklungsstrom zunehmender Komplexität und Beziehungsfähigkeit geht es offenbar nur dort, wo frühe Spezialisierungen vermieden werden können und wo die endgültige Ausdifferenzierung spezieller Organe und Organfunktionen möglichst langsam erfolgt. Das gilt vor allem für die Entwicklung desjenigen Organs, dessen Hauptaufgabe das Knüpfen, Aufrechterhalten und Lenken von Beziehungen ist, von Beziehungen zwischen den einzelnen Organen innerhalb des Organismus, wie auch von Beziehungen zwischen dem Organismus und der ihn umgebenden äußeren Welt.

Das Nervensystem der Tiere, ursprünglich einmal entstanden als ein System zur Lenkung und Steuerung von Beziehungen zwischen inneren und äußeren Zellen, wurde – je komplexer diese Beziehungen zwischen innerer und äußerer Welt zu werden begannen – zunehmend komplexer, vernetzter und effektiver ausgeformt. Als zentrales Koordinationszentrum dieses inneren Beziehungssystems entstand das Gehirn, in dem nun auch alle aus der äußeren Welt eintreffenden sinnlichen Wahrnehmungen zusammengeführt und zu inneren Bildern der äußeren Welt zusammengefügt werden konnten. Mit zunehmender Komplexität dieses Gehirns wurde es immer besser möglich, mit anderen Individuen in Kontakt zu treten, Informationen auszutauschen und schließlich sogar die aus individuell gemachten Erfahrungen abgeleiteten Vorstellungen von einer Generation zur nächsten weiterzugeben. Keine andere Lebensform hat diese Fähigkeit so weit entwickelt wie der Mensch.

Die strukturierende Kraft sozialer Erfahrungen

Das menschliche Gehirn ist formbarer – und deshalb auch verformbarer –, als das selbst Hirnforscher noch bis vor wenigen Jahren geglaubt hatten. Das gilt insbesondere für den jüngsten Teil des Gehirns, das Stirnhirn.

Es ist Hirnforschern und Entwicklungspsychologen gelungen nachzuweisen, welch nachhaltigen Einfluss frühe Bindungserfahrungen darauf haben, wie und wofür ein Kind sein Gehirn benutzt, und welche Verschaltungen zwischen den Milliarden Nervenzellen deshalb besonders gut gebahnt und stabilisiert und welche nur unzureichend entwickelt und ausgeformt werden. Diese Erkenntnis beginnt sich jetzt erst allmählich unter den die Erziehung und Sozialisation der nachwachsenden Generation lenkenden Erwachsenen auszubreiten.

Nicht viel anders verhält es sich mit der zweiten wichtigen Erkenntnis, die sich zwangsläufig aus der Tatsache ergibt, dass die frühkindlichen Bindungen nur der erste Schritt eines langen und komplizierten Sozialisationsprozesses sind. Im Verlauf dieses Prozesses lernt jedes Kind, sein Gehirn auf eine bestimmte Weise zu benutzen, indem es dazu angehalten, ermutigt oder auch gezwungen wird, bestimmte Fähigkeiten und Fertigkeiten stärker zu entwickeln als andere, auf bestimmte Dinge stärker zu achten als auf andere, bestimmte Gefühle eher zuzulassen als andere, also sein Gehirn allmählich so zu benutzen, dass es sich damit in der Gemeinschaft, in die es hineinwächst, zurechtfindet. In unterschiedlichen Kulturen aufwachsende Kinder erwerben dabei zum Teil sehr unterschiedliche, kulturell tradierte Fähigkeiten. Unsere Kinder erwerben im Verlauf dieses Prozesses all jene Fähigkeiten und Fertigkeiten, auf die es eben für das Leben in unserem Kulturkreis ganz besonders ankommt, und indem sie das tun, werden auch die dabei immer wieder aktivierten neuronalen Verschaltungen stärker und intensiver benutzt, ausgebaut und entwickelt.

Alles, was auf diese Weise im Verlauf der ersten Lebensjahre gelernt werden muss, wird von anderen Menschen übernommen. Keine dieser kulturspezifischen Leistungen ist angeboren. Alles, worauf ein Kind später stolz ist, was es als Persönlichkeit ausmacht, was es weiß und kann, ebenso wie das, was es denkt und fühlt, ja sogar das, was es wünscht und träumt, und nicht zuletzt das, was es als seine Muttersprache erwirbt, verdankt es dem Umstand, dass andere Menschen ihm bei der Benutzung und Ausformung seines Gehirns geholfen haben. Ohne erwachsene Vorbilder hätte ein Kind womöglich noch nicht einmal aufrecht zu gehen gelernt, es wäre nicht in der Lage, sich in einer bestimmten Sprache auszudrücken, es wüsste nicht, was essbar und was giftig und gefährlich ist. Wir selbst hätten weder Fahrradfahren noch irgendein hierzulande alltägliches Gerät zu bedienen gelernt. Wir könnten nicht schreiben, lesen und rechnen, auch nicht musizieren, singen und tanzen. Wir wären der äußeren Welt und unseren inneren Antrieben hilflos ausgesetzt, wüssten nicht, worauf wir besonders zu achten haben, hätten nicht gelernt, all die vielen komplexen Bewegungsabläufe und feinmotorischen Handlungen zu steuern, die man nur von anderen Menschen lernen kann und wir wären auch kaum in der Lage, irgendwelche in uns aufkommenden Impulse zu kontrollieren.

All das und noch vieles mehr muss jedes Kind im Verlauf eines schwierigen und daher auch sehr störanfälligen Entwicklungsprozesses erst erlernen. Dass das geschieht, erscheint uns so selbstverständlich, dass wir kaum je darüber nachdenken, was aus unserem Gehirn geworden wäre, wenn wir keine Gelegenheit bekommen hätten, uns all diese Fähigkeiten und Fertigkeiten im Verlauf unserer ersten Lebensjahre von anderen Menschen anzueignen. Es wäre ein Gehirn geworden, in dem all das, was zum Zeitpunkt der Geburt noch nicht fertig ausgereift ist, sich nicht so weiter entwickelt, organisiert und strukturiert hätte, wie das nun einmal geschehen ist. All die hoch komplexen Verschaltungen, die nicht automatisch entstehen, sondern nur dann herausgeformt und stabilisiert werden können, wenn sie auch immer wieder aktiviert und benutzt werden, wären ohne die vielen Anregungen und Ermunterungen, Maßregelungen und Ermahnungen, also ohne die aktive Einflussnahme anderer Menschen auf unsere Hirnentwicklung, nicht entstanden. In viel stärkerem Maß, als wir in eigener Selbstüberschätzung zuzugeben bereit sind, strukturiert sich das Gehirn durch diese von anderen Menschen übernommene Erfahrungen und all das Wissen und Können, was diese wiederum von anderen Menschen übernommen haben.

Deshalb suchen und brauchen bereits Neugeborene die lebendige Interaktion mit anderen Menschen. Die bereits intrauterin entstandenen neuronalen Verknüpfungen bilden nur ein vorläufiges Muster für einen kontext- und nutzungsabhängig noch herauszuformenden späteren Zustand. Diejenige Hirnregion, in der all diese komplexen, nutzungsabhängigen neuronalen Verschaltungen letztendlich zusammenlaufen, ist eine Region, die beim Menschen zuletzt und am langsamsten ausreift: der Frontal- oder Stirnlappen, der präfrontale Cortex. Es ist diejenige Gehirnregion, die in besonderer Weise daran beteiligt ist, aus anderen Bereichen der Großhirnrinde eintreffende Erregungsmuster zu einem Gesamtbild zusammenzufügen und auf diese Weise von »unten«, aus tiefer liegenden und früher ausgereiften Gehirnregionen generierte Erregungen und Impulse zu hemmen und zu steuern. Ohne Frontalhirn kann man keine zukunftsorientierten Handlungskonzepte und inneren Orientierungen entwickeln. Ohne Frontalhirn kann man nichts planen, kann man die Folgen von Handlungen nicht abschätzen, kann man sich nicht in andere Menschen hineinversetzen und deren Gefühle teilen, auch kein Verantwortungsgefühl empfinden. Unser Frontalhirn ist diejenige Gehirnregion, die in besonderer Weise durch denjenigen Prozess strukturiert wird, den wir Erziehung und Sozialisation nennen.

Die lange Zeit aufrechterhaltene und bis heute vorgenommene Trennung zwischen Gehirnentwicklung und Entwicklung des Verhaltens, Denkens und Fühlens, ja selbst des Gedächtnisses hat sich inzwischen als ebenso schwerwiegender Irrtum erwiesen wie die Vorstellung, dass der Prozess der strukturellen Ausreifung und Umformung des menschlichen Gehirns gegen Ende des dritten Lebensjahrs weitgehend abgeschlossen sei. Inzwischen ist deutlich geworden, wie eng die Entwicklung auch des Gedächtnisses an die Ausformung und Reifung cerebraler Strukturen gebunden ist. Insbesondere die Ausreifung synaptischer Netzwerke im Neokortex ist auf spezifische interaktionale Stimulation angewiesen. Bei neuen Erlebnissen werden die dabei synchron aktivierten neuronalen Netzwerke miteinander verknüpft. Sie repräsentieren durch ihre Aktivitätsmodalität in der »Innenwelt« des Gehirns das Geschehen in der »Außenwelt« in symbolischer Weise. Zum Wiedererkennen kommt es immer dann, wenn die gleichen neuronalen Netze die gleichen »inneren Bilder« erneut aktivieren.

Neurobiologische Korrelate von Lernprozessen

Die Fähigkeit, neue Wahrnehmungen zu machen und diese neuen Wahrnehmungen für die Herausformung neuer innerer Bilder in Form bestimmter synaptischer Verschaltungsmuster im Gehirn zu verankern, ist beim menschlichen Gehirn besonders gut entwickelt. Wir sind mit unserem Gehirn in der Lage, die bereits angelegten inneren Bilder mit den neuen, über die verschiedenen Sinneskanäle ankommenden und im Gehirn erzeugten Aktivitätsmustern zu vergleichen und unsere bisherige Vorstellung von dem zu verändern, was eine Maus oder ein Schwein, ein Freund oder ein Feind, eine Hose oder ein Rock ist. Wie diese Abstimmung erfolgt, ist noch nicht endgültig geklärt. Die Hirnforscher vermuten, dass die ankommenden Sinnesdaten auch bei uns im Gehirn zunächst ein inneres »Wahrnehmungsbild«

erzeugen. Gleichzeitig werden dazu passende, in den höheren Arealen der Hirnrinde bereits angelegte innere Bilder benutzt, um ein bestimmtes »Erwartungsbild« in Form eines charakteristischen Aktivierungsmusters zu generieren. Falls diese beiden Erregungsmuster identisch sind, bleibt alles beim Alten. Da das neue Bild das vorhandene nur bestätigt, sind die eingegangenen Sinnesdaten für das Hirn uninteressant und können routinemäßig beantwortet werden. Wenn keinerlei Übereinstimmung zwischen dem durch eine bestimmte Wahrnehmung im Gehirn entstehenden neuen Erregungsmuster und dem von den assoziativen Rindenbereichen generierten »Erwartungsbild« hergestellt werden kann, passiert gar nichts. Die eingegangenen Sinnesdaten werden dann als unsinniges und daher belangloses »Trugbild« verworfen. Wirklich interessant wird es nur dann, wenn das alte bereits vorhandene Muster und das neue, eben entstandene Aktivierungsmuster zumindest teilweise übereinstimmen und überlagerbar sind. Das im Cortex entstandene »Erwartungsbild« muss dann geöffnet und entsprechend modifiziert werden. Anschließend wird es erneut mit den von den eintreffenden Sinnesdaten erzeugten Erregungsmustern verglichen. Dieser Prozess wiederholt sich so lange, bis ein neues, erweitertes inneres »Erwartungsbild« entstanden ist, das sich nun endlich mit dem tatsächlichen Wahrnehmungsbild deckt. Die neue Wahrnehmung ist dann in den Schatz der bereits vorhandenen inneren Bilder integriert worden. Man hat etwas dazugelernt.

Die im Gehirn angelegten und bereitgehaltenen inneren Repräsentanzen über die in der äußeren Welt wahrnehmbaren Erscheinungen werden auf diese Weise im Lauf des Lebens ständig erweitert und überformt, jedenfalls so lange ein Mensch noch Neues wahrzunehmen und sich auf diese neuen Wahrnehmungen einzulassen imstande ist. So lange kann ein Abgleich zwischen neu entstandenen und bereits vorhandenen synaptischen Aktivierungsmustern erfolgen. Die Bereitschaft und die damit einhergehende Offenheit zur Modifikation und Erweiterung bereits vorhandener innerer Erwartungsbilder ist während der Phase der Hirnreifung, also bei Kindern und Jugendlichen, besonders groß.

Diese anfangs noch sehr große Bereitschaft, die bereits in den assoziativen Bereichen des Cortex vorhandenen inneren Bilder mit den aus diesen unterschiedlichen Sinneskanälen neu eintreffenden Eindrücken und »Wahrnehmungsbildern« abzugleichen, verschwindet (leider) in dem Maß, wie ein Mensch zu der inneren Überzeugung gelangt, alles, was es nun noch an Neuem wahrzunehmen gibt, bereits zu kennen. Er meint dann, dass er neue Wahrnehmungen zur Aufrechterhaltung seines inneren Gleichgewichts nicht mehr braucht. Das Neue, Fremde interessiert ihn nicht mehr. Bisweilen weigern sich einzelne Menschen auch, sich überhaupt noch auf neue Wahrnehmungen einzulassen, weil sie zu der Überzeugung gelangt sind, dass alles Neue und Fremde ihr bis dahin entwickeltes inneres Gleichgewicht nur erneut stört und bedroht. Oft haben solche Menschen die wiederholte Erfahrung gemacht (oder machen müssen), dass ihre Offenheit für Neues und Fremdes für sie nutzlos oder gar gefährlich geworden ist. Diese Erfahrung ist dann in Form komplexer Verschaltungsmuster in den höchsten assoziativen Bereichen ihres Frontalhirns als ein übergeordnetes und nun ihre gesamte Wahrnehmungsfähigkeit leitendes, d. h. ihre Offenheit bestimmendes, inneres Bild verankert. Dieses übergeordnete innere Bild hemmt als einmal angeeignete Haltung und Überzeugung fortan die Projektion von »Erwartungsbildern« aus den anderen assoziativen Netzwerken des Cortex. Solche Menschen hören auf, die in ihnen selbst bzw. in ihrer Lebenswelt stattfindenden Veränderungen noch wahrzunehmen. Ihre einmal entwickelten Haltungen und Überzeugungen sind dann als so starke innere Bilder in ihrem Frontalhirn verankert, dass sie den Abruf und damit den Abgleich einzelner, oft sogar aller anderen in den assoziativen Rindenbereichen bereits angelegten Wahrnehmungsbilder verhindern. Sie lassen sich dann im wahrsten Sinne des Wortes durch nichts mehr »beeindrucken«. Umgekehrt gibt es auch Menschen, die bereits während ihrer Kindheit und auch in ihrem späteren Leben die wiederholte Erfahrung machen und als innere Überzeugung in ihrem Frontalhirn verankern konnten, dass der fortwährende Abgleich ihrer bereits angelegten inneren Wahrnehmungsbilder mit neuen Sinnesdaten zu einer für sie bedeutsamen und für ihre Lebensbewältigung hilfreichen Verbesserung und Erweiterung ihrer Wahrnehmungsfähigkeit geführt hat. Sie haben Freude daran, Neues hinzuzulernen. Dieses übergeordnete innere Bild erleichtert ihnen im weiteren Leben den Abruf und den Abgleich ihrer in den assoziativen Rindenfeldern bereits vorhandenen inneren Erwartungsbilder für einzelne oder sogar mehrere Wahrnehmungsbereiche. Sie lassen sich deshalb auch durch viele subtile Veränderungen sowohl ihres Körpers als auch ihrer äußeren Welt weiter »bilden«.

Neurobiologische Korrelate von Bewusstsein

Weil das Bewusstsein ein Zustand ist, der nur aus der Perspektive des Subjekts wahrnehmbar und beschreibbar ist, unterscheidet es sich auch für die Neurowissenschaften grundsätzlich von allen anderen Forschungsobjekten. Nur wenn Bewusstsein nicht als selbstständige Entität, sondern als Eigenschaft mentaler Prozesse verstanden wird, lassen sich Zustände definieren und messen, die sich durch diese Eigenschaft auszeichnen. Dann erst können Hirnforscher versuchen, jene Zustände zu beschreiben, die mit bewusst ablaufenden mentalen Prozessen einhergehen.

Im Allgemeinen werden zu diesem Zweck verschiedene Teilaspekte bewusster Zustände unterschieden, die einzeln oder gemeinsam auftreten oder ausfallen können, und für deren Aktivierung

unterschiedliche neuronale Systeme, Bereiche oder Netzwerke zuständig sind. Hierzu zählen
- das bewusste Erleben von Ereignissen (Wahrnehmen, Fühlen),
- das bewusste Erleben der eigenen Identität,
- das bewusste Erleben des Ichs in Raum und Zeit,
- das bewusste Erleben der autobiografischen Identität,
- das bewusste Erleben des Unterschieds zwischen Realem und Erträumten oder Fantasiertem,
- das bewusste Erleben des eigenen freien Willens,
- das bewusste Nachdenken über sich selbst,
- das bewusste Fokussieren der Aufmerksamkeit auf Objekte, Vorgänge, Gedanken,
- das bewusste Erleben der eigenen Urheberschaft,
- das bewusste Einnehmen der Perspektive eines anderen.

Erschwert wird die Untersuchung dieser unterschiedlichen, mit Bewusstsein verbundenen Zustände aber durch den Umstand, dass viele der dabei messbaren Phänomene normalerweise auch mit völlig unbewusst ablaufenden mentalen Leistungen einhergehen. So empfinden wir einen kontinuierlichen Fluss unseres Daseins auch dann, wenn wir uns das nicht bewusst machen. Die Mehrzahl unserer Reaktionen und Handlungsabläufe sind durch unbewusste Prozesse gesteuert und alle lebensnotwendigen Funktionen unseres Körpers laufen normalerweise unbewusst ab. Auch Stimmungen und Ängste entstehen oft unbewusst. Viele Eindrücke verarbeiten und bewerten wir ebenfalls völlig unbewusst, selbst Lernprozesse können gänzlich unbewusst ablaufen.

Alle unbewussten Entscheidungen und Reaktionen werden durch die automatische, reflexartige Aktivierung strukturell verankerter, genetisch angelegter oder durch individuelle Erfahrungen gebahnter neuronaler Verschaltungsmuster gesteuert. Erst mit Hilfe des Bewusstseins wird es möglich, eigene Handlungsweisen und deren Folgen zu simulieren und somit eine weitere, übergeordnete Entscheidungsebene zu erschließen. Dieser Umstand dürfte ausschlaggebend für die Entwicklung der Fähigkeit gewesen sein, bewusst gesteuerte Entscheidungen zu treffen. Wenn aber Bewusstsein an neuronale Aktivitäten gebunden und durch komplexe assoziative Prozesse ermöglicht wird, dann kann es erst ab einer bestimmten Entwicklungsstufe entstehen. Dann muss es sich aber auch mit der Ausbildung und Entwicklung der entsprechenden neuronalen Netze verändern und sich – wenn diese Netze komplexer werden – entsprechend weiterentwickeln. Die Fähigkeit, sich etwas bewusst zu machen, wäre dann zwangsläufig das Ergebnis eines kognitiven Lernprozesses. Angeboren oder gar vererbt wäre lediglich die Fähigkeit, Bewusstsein herauszubilden. Wenn Bewusstsein aber erworben ist, muss es Menschen mit unterschiedlich entwickeltem Bewusstseinsgraden geben, wobei die Ausbildung der Fähigkeit, bewusste Entscheidungen zu treffen, davon abhängig ist, als wie vorteilhaft sich die gedankliche Simulation von Handlungsweisen und deren Folgen im praktischen Lebensvollzug eines Menschen erweist.

Aussagekraft neurobiologisch messbarer Korrelate für bewusste Entscheidungen

Das im Gehirn erzeugte Selbstmodell vom »Ich« lässt sich als eine Eigenrepräsentation verstehen, bei der die so generierte Vorstellung des »Ich« nicht als Metarepräsentanz und somit als Modell, sondern als eigenständiges Objekt wahrgenommen und interpretiert wird. Entscheidungen zwischen verschiedenen zur Verfügung stehenden, abrufbaren Handlungsmöglichkeiten werden auf der Ebene dieser Metarepräsentanz im Hinblick auf dort ebenfalls repräsentierte subjektive Zielvorstellungen und mögliche Folgen des eigenen Handelns getroffen. Wir empfinden uns in unseren Entscheidungen als frei, weil das Modell unserer Wirklichkeit ein autonomes »Ich« enthält, das zwischen verschiedenen Handlungsoptionen wählen kann.

Solche freien Entscheidungssituationen lassen sich experimentell herbeiführen und zur Messung der im Verlauf einer bewussten Willensentscheidung auftretenden neuronalen Aktivierungsprozesse nutzen. Wird eine Versuchsperson – wie in den so genannten Libet-Experimenten – aufgefordert, spontan eine Hand zu bewegen und sich dabei die Zeigerstellung einer vor ihr ablaufenden Uhr zu merken, so lässt sich anhand gleichzeitig durchgeführter EEG-Ableitungen nachweisen, dass bereits eine halbe Sekunde vor der ausgeführten Bewegung das vollständige Bereitschaftspotenzial zur Steuerung dieser Handbewegung aufgebaut ist. Der bewusste Entschluss, die Hand zu bewegen, folgt erst 300 msec. später, also 200 msec. vor der tatsächlich ausgeführten Bewegung. Der bewusst erlebte Akt hinkt den neuronalen Aktivitäten hinterher. Das subjektive Bewusstsein scheint nur noch zu bestätigen, was im Gehirn bereits initiiert worden ist.

Benjamin Libet leitet aus diesen Befunden die Schlussfolgerung ab, dass ein bewusstes Selbst den Prozess einer willkürlichen Handlung nicht initiiert. Seine Untersuchungen ergaben jedoch auch, dass 100 msec. vor dem Handlungsakt – trotz des bereits aufgebauten Bereitschaftspotenzials – eine Unterbrechung der so vorbereiteten Bewegung möglich ist. Der bewusste Wille kann also entscheiden, ob der bereits eingeleitete Handlungsimpuls tatsächlich ausgeführt wird.

Bei der Interpretation dieser Libet'schen Experimente wird jedoch ein Aspekt meist vergessen, nämlich der nicht zu unterschätzende Einfluss des Untersuchers auf das Untersuchungsergebnis. Die Probanden bewegen ihre Hand ja nicht aus einem von ihnen selbst gefassten Entschluss heraus, sondern weil sie dazu aufgefordert wurden. Der Grund dafür, dass in ihrem Gehirn das betreffende motorische Bereitschaftspotenzial generiert worden ist, war also die bewusste, an sie gerichtete Aufforderung von Libet. Offenbar ohne sich dessen bewusst zu sein, steht der Experimentator in der von ihm gewählten experimentellen Anordnung in einer das Untersuchungsergebnis beeinflussenden Beziehung. Die Gehirne Libets und des Probanden sind intentional miteinander verkoppelt. Das Bewusstsein des Untersuchers beeinflusst das Bewusstsein des Probanden durch den von ihm verbal kommunizierten, also bewusst zum Ausdruck gebrachten Wunsch. Und falls die Probanden für ihre Teilnahme auch noch bezahlt wurden, ist dieser Einfluss durch den zusätzlichen Belohnungseffekt noch verstärkt worden.

Das Bewusstsein als Ergebnis und Triebfeder der kulturellen Evolution des Menschen

Bewusste Zustände, nicht nur bewusste Willensentscheidungen wie im Fall der geschilderten Libet'schen Untersuchungen, sondern auch bewusste Wahrnehmungen, Unterscheidungen, ja selbst das bewusste Erleben der eigenen Identität sind in hohem Maß durch andere Personen beeinflussbar. Das gilt nicht nur für Erwachsene, sondern noch viel stärker für Kinder. Hier, im kindlichen Gehirn, werden die für bewusste Zustände aktivierten Metarepräsentanzen nicht nur durch andere Menschen beeinflusst, sondern unter dem Einfluss der im Zusammenleben mit anderen Menschen gemachten Erfahrungen herausgeformt. Um diese komplexen Vernetzungen herauszubilden, braucht jeder Mensch eine bestimmte Sequenz und Qualität von Erfahrungen. Diese Erfahrungen können nur dann gemacht werden, wenn bereits das Kind von Anfang an Gelegenheit geboten bekommt, mit den Objekten seiner Lebenswelt – und das sind in erster Linie höchst lebendige Subjekte in Form von Eltern, Geschwistern, von Mitgliedern der eigenen Sippe, der dörflichen oder städtischen Gemeinschaft und letztlich des Kulturkreises, in den ein Kind hineinwächst – in Beziehung zu treten, sich auszutauschen, sich an andere Menschen anzuschließen oder sich von ihnen abzugrenzen, Wissen, Fähigkeiten und Fertigkeiten von anderen zu übernehmen, und dabei immer wieder neue, eigene Erfahrungen zu machen. Damit wird auch verständlich, weshalb der Grad an Bewusstheit oder die Bewusstseinsstufe, die ein Mensch entwickeln kann, von dem Bewusstsein abhängig ist, das in der Welt der Erwachsenen herrscht, in die er als Kind hineinwächst.

Aus dieser Perspektive betrachtet, erweist sich also die Fähigkeit von Menschen, bewusst zu handeln, sich ihrer selbst bewusst zu werden, ihr Bewusstsein zu schärfen und zu erweitern, als eine Kulturleistung. Der Ort, an dem das Bewusstsein entsteht, wäre dann freilich nicht im Hirn, sondern in der Gesellschaft zu suchen. Bewusstsein wäre dann auch nicht eine Fähigkeit, die automatisch entsteht, weiter wächst und sich vom anfänglichen mythischen Bewusstsein über das personale Ich-Bewusstsein bis hin zum transpersonalen oder transzendentalen Bewusstsein entwickelt. Es könnte ebenso gut – wenn die transgenerationale Weitergabe von Erfahrungen in einem bestimmten Kulturkreis behindert oder gestört wird – wieder von bereits erreichten höheren Stufen auf die niederen zurückfallen.

In gewisser Weise lässt sich die Suche der Hirnforscher nach dem Ort im Hirn, wo das Bewusstsein sitzt, mit der Suche nach jenem Ort vergleichen, wo die menschliche Sprache entsteht. Zwar bilden sich bei jedem Kind, das in einer menschlichen Gemeinschaft aufwächst, in der Menschen gelernt haben, sich verbal zu verständigen (wenn es nicht taubstumm ist), die von den Hirnforschern lokalisierbaren Sprachzentren aus. Aber die Fähigkeit, zu sprechen und Gesprochenes zu verstehen, verdanken wir weniger der Tatsache, dass es in unserem Gehirn ein von den Hirnforschern lokalisierbares und analysierbares Broca-Areal oder ein Wernicke-Zentrum gibt, sondern vielmehr dem Umstand, dass Eltern normalerweise mit ihren Kindern sprechen. Je nachdem, wie komplex dieser verbale Austausch ist, werden auch die betreffenden Hirnregionen mehr oder weniger komplex herausgeformt. Die Feststellung, dass die durchschnittliche Dauer verbaler Kommunikation zwischen Eltern und ihren Kindern in unserem Land inzwischen auf weniger als zehn Minuten pro Tag gesunken ist, kann für die Ausformungen dieser Hirnregionen so wenig folgenlos geblieben sein, wie das, was in diesen durchschnittlich zehn Minuten verbal ausgetauscht wird, folgenlos für die Herausbildung derjenigen Strukturen bleiben wird, in denen das Bewusstsein im Gehirn strukturell verankert wird.

Aus rein biologischer Sicht wäre es allerdings auch keine allzu bedenkliche Entwicklung, wenn den Menschen die Fähigkeit, sich ihrer selbst bewusst zu werden, ihre Handlungen bewusst zu planen und sich die Folgen ihrer Handlungen bewusst zu machen, allmählich (noch stärker) abhandenkäme. Als biologischer Organismus muss ein Mensch nur das wahrnehmen und auf das reagieren, was für sein Überleben und gegebenenfalls auch für seine Reproduktion bedeutsam ist. Und was davon muss er sich bewusst machen? Nichts! Denn zum nackten Überleben und zur bloßen Fortpflanzung braucht ein Organismus kein Bewusstsein. Beides funktioniert nicht nur bei uns von allein – also gänzlich unbewusst –, sondern auch bei allen Tieren bis hinunter zu den Einzellern. Letztere benötigen dazu noch nicht einmal ein Nervensystem, die Schwämme und Medusen können das auch ohne Gehirn und die Tiere ohne das, was wir Bewusstsein nennen. Auch beim Menschen wird alles, was im Organismus geschieht und was entweder der Lebenserhaltung oder der Reproduktion direkt dient, unbewusst gesteuert. Bewusstsein, so scheint es, ist ein Luxus, den sich nur ein menschliches Gehirn leisten kann. Für alles, was der Sicherung des eigenen Überlebens und der Reproduktion dient (und womit das Hirn tagein, tagaus beschäftigt ist) braucht es kein Mensch. Vielleicht bedeutet Mensch-Sein aber auch mehr, als nur lebendig und fortpflanzungsfähig zu sein. Wenn man das in Betracht zieht, wäre Bewusstsein, also auch die Bewusstwerdung eigener Handlungsantriebe, Bedürfnisse und Wünsche durchaus etwas Sinnvolles. Das geht dann allerdings weit über die Biologie hinaus.

Der heutige Mensch unterscheidet sich in seiner genetischen Ausstattung nicht im Geringsten von seinen vor einhunderttausend Jahren lebenden Vorfahren. Das muss auch so sein, sonst könnten nicht beide Mitglieder derselben Art *Homo sapiens* sein. Aber »unser« heutiges Gehirn hatten unsere frühen Vorfahren mit Sicherheit noch nicht, denn die haben das ihre zeitlebens für ganz andere Aufgaben benutzt. Dadurch hat es sich zwangsläufig auch anders strukturiert. Das gilt nicht nur für die Sprachverarbeitung, sondern auch für viele andere Leistungen und die diesen zugrunde liegenden neuronalen synaptischen Verschaltungen. Auch heute unterscheiden sich die Hirnleistungen von Menschen unterschiedlicher Kulturen beträchtlich. Wir Europäer können beispielsweise nur fünf bis sechs Zahlen im Kurzzeitgedächtnis speichern, die Chinesen aber neun, allerdings nur dann, wenn sie unter Chinesen aufgewachsen sind und die komplizierte chinesische Schriftsprache von ihnen gelernt haben. Bei uns können viele Erwachsene heutzutage nur noch wenige Grüntöne unterscheiden, die Eingeborenen des amazonischen Regenwaldes haben über hundert verschiedene Bezeichnungen für über hundert verschiedene Grüntöne. Wenn also ein solcher Amazonasindianer etwas Grünes betrachtet, dann wird er das wesentlich bewusster und differenzierter tun als wir, wenn wir einen grünen Baum anschauen. Was mag noch vor wenigen Generationen den meisten Menschen bewusst geworden sein, wenn sie sich gegenseitig ihre Ahnengeschichten, ihre Sagen und Märchen erzählten? Und was würde diesen gleichen Menschen wohl bewusst, wenn sie heute mit uns eine Stunde lang durch eine Großstadt gehen könnten? Es wäre mit Sicherheit weder qualitativ noch quantitativ mit dem zu vergleichen, was wir dabei bewusst erleben. Wahrscheinlich würde jemand, der in einer ganz anderen Welt groß geworden ist, durchdrehen, wenn es ihm nicht gelänge, das meiste von dem, was er dort wahrnimmt, genau dort zu lassen, wo auch wir es immer dann lassen, wenn uns etwas zu viel wird – im Unbewussten.

Ins Bewusstsein kann eine Wahrnehmung oder ein Gedanke, der einem durch den Kopf schießt, offenbar nur dann kommen, wenn dieses Neue an irgendetwas angeknüpft werden kann, was bereits vorhanden und als Wissen, als Erfahrung, als »inneres Bild« im Gehirn abgespeichert ist. Deshalb ist das, was zwar wahrgenommen und erlebt werden kann, aber dabei nicht ins Bewusstsein gelangt (und dann eben »unbewusst« bleibt) bei all jenen Menschen besonders groß, die bisher nur sehr wenig von dem bereits kennen, was sie in der Welt erleben – also bei kleinen Kindern. Genauso wenig können neue Wahrnehmungen ins Bewusstsein eines Menschen gelangen, wenn sie für ihn zu fremd sind, zu plötzlich auftauchen, zu überwältigend oder einfach nur zu zahlreich sind – also immer dann, wenn sie Furcht auslösend sind und im Gehirn eine Notfallreaktion in Gang gesetzt wird, die zunächst nichts weiter als das nackte Überleben sichern hilft. In solchen Situationen ist bewusstes Reflektieren und langes Nachdenken nicht nur wenig hilfreich, sondern »hirntechnisch« gar nicht möglich.

Die Fähigkeit, sich das, was man erlebt, auch bewusst zu machen, scheint also eine Leistung zu sein, die sich erst im Lauf sowohl der phylogenetischen wie auch der ontogenetischen Entwicklung des Menschen allmählich entwickelt. Es ist eine Fähigkeit, die das Gehirn gewissermaßen erst dann herausbilden kann, wenn in den assoziativen Arealen bereits ein einigermaßen tragfähiges Fundament an Wissen und Erfahrungen verankert werden konnte, und wenn sich die betreffende Person damit in der Welt einigermaßen angstfrei zu bewegen gelernt hat (dazu darf sich diese Welt aber auch nicht allzu schnell verändern). Bewusstsein wäre dann die wiederholt von einem Menschen gemachte und als innere Überzeugung verankerte Erfahrung, dass er als Person in der Lage ist, seine Wahrnehmungen und Gedanken aus eigener Kraft und eigenem Antrieb so zu ordnen, dass sie in die Welt und zu der Welt, auch der Vorstellungswelt, passen, in der diese Person lebt. Da die Welt, in der Menschen leben, Erfahrungen machen und Wissen erwerben, in erster Linie und von Anbeginn eine Welt sozialer Beziehungen ist, ist davon auszugehen, dass es ohne Sozialisation kein Bewusstsein gibt, dass also unser Bewusstsein (wie auch unser hoch entwickeltes Gehirn überhaupt) ein soziales Produkt ist. Deshalb ist Bewusstsein wohl auch etwas, was nur Menschen herausbilden können. Dazu müssen diese Menschen aber innerhalb einer menschlichen Gemeinschaft aufwachsen, die ihnen die Möglichkeit bietet, sich als Urheber ihrer individuellen Vorstellungen und Handlungen zu verstehen.

Damit sind wir bei der Frage angekommen, was den Menschen eigentlich zum Menschen macht. Und das ist wohl die spannendste Frage, die heute überhaupt gestellt werden kann und die irgendwann beantwortet werden muss. Denn davon hängt der künftige Entwicklungsweg ab, den Menschen einschlagen, jeder für sich allein und wir alle gemeinsam. Der Verhaltensbiologe und Nobelpreisträger Konrad Lorenz hat uns unsere gegenwärtige Stellung in der Natur so drastisch wie bisher kaum ein anderer vor Augen geführt: »Der Übergang vom Affen zum Menschen, das sind wir.« Bis zum Affen und ein wenig darüber hinaus ging es auch ohne Bewusstsein. Aber für den Rest des Weges bedarf es offenbar einer bewussten Entscheidung in Form einer Kulturleistung.

Der Erwerb von Metakompetenzen

Wenn Kinder sich bewegen, gemeinsam spielen oder bauen, so macht das Spaß und verbessert ganz nebenbei auch noch ihre Körperbeherrschung, ihren Bewegungsapparat und ihre Haltung. Es macht sie fit und die Erfolgserlebnisse festigen ihr Selbstvertrauen. Da das Spielen und Bauen mit anderen mehr Spaß macht als allein, lernen Kinder dabei gleichzeitig auch noch, auf andere zu achten, mit anderen gemeinsam zu planen, zu üben und die dabei auftauchenden Probleme zu bewältigen. Dazu gehört auch, anderen zu vertrauen. Und wenn sich die erwachsenen Zuschauer ihrer Gestaltungskunst dann noch von ihren Leistungen verzaubern oder begeistern lassen, so lernen Kinder eben auch, dass sie in der Lage sind, anderen eine Freude zu machen – und wie schön das ist.

Die Hirnforscher haben nun in den letzten Jahren herausgefunden, dass das menschliche Gehirn ganz wesentlich durch die Erfahrungen strukturiert wird, die ein Mensch vor allem während der Phase seiner Hirnentwicklung macht. Immer dann, wenn Kinder etwas Neues erleben, wenn sie etwas hinzulernen, werden die dabei in ihrem Gehirn aktivierten Verschaltungsmuster der Nervenzellen und Synapsen gebahnt und gefestigt. So werden aus anfangs noch sehr dünnen Nervenwegen – wenn sie immer wieder benutzt werden, um eine bestimmte Leistung zu erbringen, oder wenn sie immer wieder aktiviert werden, wenn Kinder etwas Neues erfahren, wenn sie sich bewegen und wenn sie von sich selbst oder von anderen begeistert sind – allmählich immer besser ausgebaute und leichter aktivierbare, fest im Hirn verankerte Straßen, auf denen sie dann auch immer besser vorankommen. Je komplizierter und verzweigter diese Straßennetze im Gehirn herausgebildet werden, desto mehr kann ein Kind dann im späteren Leben miteinander verbinden und in Beziehung setzen, desto umsichtiger und achtsamer wird es in seiner Wahrnehmung und desto vielfältiger und reichhaltiger wird das Spektrum der Reaktionen, die es zur Lösung von Problemen einsetzen kann.

Weshalb Kinder so kreativ sind

Kinder sind so neugierig, so begeisterungsfähig und so offen für alles, was es in der Welt zu erleben gibt, wie nie wieder im späteren Leben. Ihr Gehirn ist zum Zeitpunkt der Geburt noch sehr unfertig. Nur die zum Überleben unbedingt erforderlichen Verschaltungen und Netzwerke in den älteren Regionen sind zum Zeitpunkt der Geburt bereits gut ausgebildet. Sie steuern all das, was zur Aufrechterhaltung der inneren Ordnung des Körpers notwendig ist, also auch all jene Reaktionen, die immer dann in Gang gesetzt werden, wenn es zu Störungen dieser inneren Ordnung kommt. Auch bestimmte, bereits im Mutterleib gemachte Erfahrungen, ebenso wie einige angeborene Reflexe sind bereits in Form bestimmter Verschaltungsmuster im Gehirn abgespeichert. Alles andere – und das ist so gut wie alles, worauf es im späteren Leben ankommt – muss erst noch hinzugelernt und als neue Erfahrung im Gehirn abgespeichert werden. Das Großhirn, genauer die Großhirnrinde ist derjenige Hirnbereich, in dem dieses neue Wissen in Form bestimmter Beziehungsmuster zwischen den Nervenzellen verankert wird. Es verdreifacht sein Volumen im ersten Lebensjahr und dehnt sich auch später noch erheblich aus, aber nicht deshalb, weil dort noch weitere Nervenzellen gebildet werden, sondern weil diese zum Zeitpunkt der Geburt bereits vorhandenen Nervenzellen ein dichtes Gestrüpp von Fortsätzen ausbilden und sich mit den Enden ihrer Fortsätze auf vielfältige Weise miteinander verbinden. Dieser durch genetische Programme gesteuerte Prozess führt dazu, dass in den einzelnen Bereichen dieser Großhirnrinde ein riesiges Überangebot an Nervenzellverbindungen und -kontakten entsteht. Weil das kindliche Gehirn (oder das genetische Programm, das dessen Entwicklung steuert) nicht »wissen kann«, worauf es später im Leben einmal ankommt und welche Verbindungen wirklich gebraucht werden, wird also zunächst erst einmal ein großer Überschuss an Verschaltungen bereitgestellt. Stabilisiert und erhalten bleiben davon aber nur diejenigen, die auch wirklich benutzt und gebraucht werden. Der Rest wird einfach wieder abgebaut. Das Ganze funktioniert fast so wie ein neu eröffnetes Kaufhaus, in dem anfangs ein möglichst großes Spektrum an unterschiedlichen Waren angeboten wird. Wie das später tatsächlich vertriebene und bereitgehaltene Warensortiment aber aussieht, hängt davon ab, was von den Kunden in dieser Gegend besonders gebraucht und daher besonders häufig gekauft wird. Ein Kind kann in der Entwicklungsphase, in der dieses riesige Angebot für später fest zu verknüpfende Verschaltungen der Nervenzellen bereitgestellt wird, so ziemlich alles lernen. Deshalb können Eltern, die das für wichtig und sinnvoll halten, ihrem dreijährigen Kind bereits das Lesen, Computerspiele oder eine Fremdsprache beibringen – falls sie der Meinung sind, dass es auf diese Fähigkeiten im späteren Leben ganz besonders ankommt.

Woher die Lust am eigenen Entdecken und Gestalten kommt

Nicht nur die Fähigkeit, ständig Neues hinzuzulernen, sondern auch die Lust, immer wieder Neues zu entdecken, bringen Kinder mit auf die Welt. Auch sie ergibt sich aus dem Umstand, dass das kindliche Gehirn für die nutzungsabhängige Herausformung bestimmter Verschaltungsmuster auf ein möglichst breites Spektrum unterschiedlichster Anregungen angewiesen ist. Die geeignetsten Anregungen für noch zu knüpfende bzw. zu stabilisierende Verschaltungen im Gehirn sind diejenigen, die das Kind von innen, also aus sich selbst heraus entwickelt. Diese vom Kind selbst in Gang gesetzte Suche nach Neuem hat gegenüber allen von außen herangetragenen Anregungen einen entscheidenden Vorteil: Weil das Kind auf der Grundlage seiner bisher bereits erlernten und im Hirn verankerten Fähigkeiten und Fertigkeiten selbst darüber bestimmt, was es an Neuem sucht und was es interessiert, können die unter diesen Bedingungen gemachten Lernerfahrungen besonders gut an das bereits vorhandene Wissen anknüpfen, können sich also die im Hirn bereits entstandenen Verschaltungsmuster besonders gut erweitern und ergänzen. Immer dann, wenn sich ein Kind auf die Suche macht und dabei etwas findet, das ein kleines bisschen mehr ist als das, was vorher schon da war, so geht es ihm genauso wie jedem Erwachsenen – es freut sich. So lange ein Kind oder auch ein Erwachsener noch mit der Suche nach etwas beschäftigt ist, herrscht in seinem Gehirn eine gewisse Unruhe, eine Erregung und Spannung. Die wird durch das Erfolgserlebnis plötzlich aufgelöst, und immer dann, wenn im Hirn aus Durcheinander Ordnung, aus Erregung Beruhigung wird, entsteht ein Gefühl von Wohlbehagen und Zufriedenheit. Je größer die anfängliche Aufregung war, desto größer wird die Freude, die auch schon ein Kind empfindet, wenn nun wieder alles »passt«. Dann bekommt es umso größere Lust, sich erneut auf die Suche zu machen. Unter diesen Bedingungen wird im Gehirn immer auch eine Gruppe von Nervenzellen erregt und setzt an den Enden ihrer langen Fortsätze bestimmte Botenstoffe frei – dieselben, die Drogensüchtige mit Kokain oder Heroin einnehmen. Das lässt erahnen, wie groß das Lustgefühl werden kann, das Kinder empfinden, wenn sie sich immer wieder erfolgreich auf den Weg machen, um die Welt zu entdecken. Da es für kleine Kinder in der für sie noch sehr fremden Welt unendlich viel Neues zu entdecken und in ihren Erfahrungsschatz einzuordnen gibt, wird ihre Lernlust normalerweise nur durch die Phasen der Erschöpfung unterbrochen, die sich zwangsläufig immer wieder einstellen und auch einstellen müssen, damit all das, was in der Wachphase gelernt und entdeckt wurde, nun im Traumschlaf noch einmal durchgearbeitet, stabilisiert und mit all den anderen bereits vorhandenen inneren Mustern im Hirn verbunden werden kann.

Weshalb Kinder und Jugendliche Räume zum Gestalten brauchen

Niemand käme auf die Idee, kleine Kätzchen auf das Mäusefangen vorzubereiten, indem durch Lernprogramme zunächst das Stillsitzen und Beobachten, später das Zupacken und Festhalten und schließlich das Fressen einer Maus geübt wird. All das lernen die kleinen Kätzchen von allein, allerdings nur dann, wenn man sie nicht laufend dabei stört (ihnen also die zum Erlernen und Einüben dieser Fähigkeiten erforderlichen Spielräume nimmt), und wenn sie Gelegenheit haben, einer anderen Katze zuzuschauen, die das Mäusefangen bereits beherrscht.

Genau so geht es allen Säugetieren, die ein Gehirn besitzen, dessen endgültige, für die Bewältigung der jeweiligen artspezifischen Leistungen erforderliche innere Struktur erst während der Kindheit nutzungsabhängig herausgeformt wird. Menschenkinder müssen fast alles, worauf es in ihrem späteren Leben ankommt, durch eigene Erfahrungen lernen. Diese Erfahrungen werden dann in ihrem Hirn in Form bestimmter Verschaltungsmuster fest verankert. Eine neue Erfahrung macht man auch schon als Kind am ehesten dann, wenn man ein Problem hat und plötzlich merkt oder von anderen abschauen kann, wie es sich lösen lässt. So wird Selbstvertrauen und Vertrauen – also die Achtung für und die Bindung an andere – gefestigt und der

Mut zur Bewältigung neuer, *noch* etwas schwierigerer Herausforderungen gestärkt. All das gelingt jedoch nur, wenn die Probleme nicht zu klein (also langweilig und uninteressant) oder aber zu groß (also überfordernd und unbewältigbar) sind. Im ersteren Fall lernt ein Kind nur, dass »nichts Spaß macht«. Allzu rasch verlieren solche Kinder entweder ihre Neugier und ihre Begeisterungsfähigkeit oder sie wenden sich – wenn sie sich beides nicht nehmen lassen wollen – anderen Dingen zu (sie »stören« und machen »Blödsinn«). Im zweiten Fall, wenn Probleme, Anforderungen und Erwartungen die Fähigkeiten der Kinder übersteigen, bekommen sie Angst. Diese Angst führt im Gehirn zu einer Reaktionskette, die das Erlernen von Neuem verhindert, bereits Erlerntes destabilisiert und das Kind auf sehr früh entwickelte und daher recht einfache Verhaltensstrategien zurückwirft (Regression). Was für ein Kind entweder zu wenig Herausforderung oder übermäßige Belastung bedeutet, kann niemand anders entscheiden als das Kind selbst, bisweilen vielleicht auch eine sehr einfühlsame, dem Kind sehr nahestehende, mit ihm eng vertraute Person. Alle anderen haben einfach keine Ahnung von dem, was in einem Kind angesichts einer bestimmten Situation vorgeht. Allzu leicht erscheint dann das, was diese Menschen von dem Kind erwarten oder ihm abverlangen, dem Kind selbst als entweder zu wenig oder eben zu viel. Das ist das Problem jeder »Frühförderung«, die wie ein Rasenmäher über die individuellen Besonderheiten und bisherigen Erfahrungshorizonte von Kindern hinweggezogen wird.

Wenn das Kind selbst die einzige Person ist, die wirklich genau beurteilen kann, welche Aufgaben und Probleme ihm zu einfach und welche ihm zu kompliziert sind, so ergibt sich daraus, dass man die Weiterentwicklung eines Kindes nur fördern kann, indem man einen Raum schafft, in dem es vielfältige interessante Angebote gibt, und das Kind selbst entscheiden lässt, welches dieser Angebote es aufgreifen will. Am besten gelingt das – wie bei den kleinen Kätzchen – im Spiel. Deshalb brauchen Kinder genügend

Raum und Zeit zum Spielen. Kinder, denen solche Freiräume geboten werden, lernen alles, was es dort zu lernen gibt.

Das freilich ist noch keine Erziehung. Wer erreichen möchte, dass Kinder in diesen Freiräumen auch genau die Erfahrungen machen, auf die es im Verlauf ihres weiteren Lebens so besonders ankommt, der muss versuchen, das Interesse des Kindes auf die spielerische Entdeckung und Erprobung eben dieser Fähigkeiten und Fertigkeiten zu lenken. Das einfachste Verfahren, um das zu erreichen, besteht darin, den Funken der eigenen Begeisterung über das, was es im Spiel zu entdecken gibt und was man selbst für wichtig hält, auf das Kind überspringen zu lassen. So ein Funke springt normalerweise automatisch über, wenn Kindern Gelegenheit geboten wird, frei und unbekümmert, also ohne Angst, ohne Zwang, ohne Absicht und ohne Zeitnot mit anderen Kindern zu spielen. So entdecken und lernen Kinder fast alles, was es in ihren Kinderwelten zu entdecken und zu lernen gibt. Auch das ist noch keine Erziehung, denn es gibt eine Reihe weiterer Fähigkeiten und Fertigkeiten, die Kinder brauchen, um sich später im Leben zurechtzufinden, die aber in diesen Kinderspielwelten noch nicht vorkommen. Wenn der Funke der Begeisterung der spielenden Kinder auch auf diese ihnen noch fremden Bereiche ausgedehnt werden soll, brauchen Kinder Anregungen von Menschen, die über mehr Lebenserfahrung verfügen als sie selbst. Kinder brauchen erwachsene Vorbilder, an deren Interessen, Fähigkeiten, Kompetenzen und Haltungen sie sich – auch und gerade beim Spiel – orientieren können. Das müssen Vorbilder sein, die sie schätzen und mögen, die sie achten und die ihnen wichtig sind, mit denen sie sich also emotional verbunden fühlen. Solche Menschen sind die einzigen, die die geistige, seelische und moralische Entwicklung von Kindern – oder hirntechnisch: die Ausformung und Stabilisierung hoch komplexer Verschaltungsmuster im kindlichen Frontalhirn – wirklich nachhaltig fördern können.

Was Kinder und Jugendliche stark macht

Die entscheidende Frage lautet also: Wie lässt sich eine deutliche Verbesserung all jener Kompetenzen erreichen, die neben dem in der Schule erworbenen Wissen entscheidend dafür sind, ob und wie junge Menschen die Herausforderungen annehmen und meistern können, die sich in ihrer weiteren Ausbildung und im späteren Berufsleben stellen? Das Fatale daran ist: Diese Kompetenzen lassen sich nicht unterrichten.

»Exekutive Frontalhirnfunktionen« nennen die Hirnforscher die Metakompetenzen, deren Herausbildung bisher eher dem Zufall überlassen worden ist und auf die es in Zukunft mehr als auf all das in der Schulzeit auswendig gelernte Wissen ankommt.

Verankert werden diese Metakompetenzen in Form komplexer Verschaltungsmuster in einer Hirnregion, die sich im vorderen Großhirnbereich befindet: im Stirnlappen, dem präfrontalen Kortex. Die in anderen Hirnregionen gespeicherte Gedächtnisinhalte werden in diesen Netzwerken des präfrontalen Kortex zu einem Gesamtbild zusammengefügt und mit den in tiefer liegenden subkortikalen Hirnbereichen generierten Signalmustern verglichen. Die so erhaltenen Informationen werden für alle bewussten Entscheidungsprozesse und zur Modifikation bestimmter Verhaltensweisen genutzt. Je nach Erfahrungsschatz und individueller Ausprägung dieser Kontrollfunktionen können verschiedene Menschen ihr Verhalten in einer Situation, die Initiative erfordert, unterschiedlich gut steuern. Als diejenige Region des menschlichen Gehirns, die sich am langsamsten ausbildet, ist der präfrontale Kortex in seiner Entwicklung auch in besonders hohem Maße durch das soziale Umfeld, in das ein Kind hineinwächst, beeinflussbar. Die dort angelegten neuronalen und synaptischen Verschaltungsmuster werden nicht durch genetische Programme, sondern durch eigene Erfahrungen herausgeformt.

Deshalb lassen sich diese Metakompetenzen auch nicht unterrichten. Zu ihnen zählen so komplexe Fähigkeiten wie
- vorausschauend zu denken und zu handeln (strategische Kompetenz),
- komplexe Probleme zu durchschauen (Problemlösungskompetenz),
- die Folgen des eigenen Handelns abzuschätzen (Handlungskompetenz, Umsicht),
- die Aufmerksamkeit auf die Lösung eines bestimmten Problems zu fokussieren und sich dabei entsprechend zu konzentrieren (Motivation und Konzentrationsfähigkeit),
- Fehler und Fehlentwicklungen bei der Suche nach einer Lösung rechtzeitig erkennen und korrigieren zu können (Einsichtsfähigkeit und Flexibilität)
- und sich bei der Lösung von Aufgaben nicht von aufkommenden anderen Bedürfnissen überwältigen zu lassen (Frustrationstoleranz, Impulskontrolle).

Bei diesen exekutiven Frontalhirnleistungen handelt es sich um kognitive Kontrollfunktionen, die in drei unterschiedlichen Regionen des Stirnlappens repräsentiert sind:
- Im dorsolateralen Präfrontalkortex werden Handlungskonzeptionen entworfen. Die bewusste Planung einer auszuführenden Handlung, deren zeitliche Organisation sowie das Vorhersehen ihrer Konsequenzen werden in diesem Teil des Frontalhirns vorbereitet. Vor ein neues Problem gestellt, treffen bereits Kinder auf der Basis früherer, in anderen Hirnregionen gespeicherter Erfahrungen angemessene Vorbereitungen für ein problemlösendes Verhalten. Durch die anschließende Bewertung der Handlungsergebnisse kann neues Wissen in den bestehenden Erfahrungsschatz integriert werden: War die gewählte Vorgehensweise beim Lösen des Problems erfolgreich, kann später auf diese Erfahrung zurückgegriffen werden, wenn ein ähnli-

ches Problem auftritt. War sie es nicht, kann das Verhalten neu angepasst werden. Mit einem größer werdenden Repertoire an etablierten Handlungsoptionen wächst somit auch die Flexibilität gegenüber wechselnden Problemstellungen.
- Der orbitale Präfrontalkortex ist diejenige Region, die für die Lenkung der Aufmerksamkeitsintensität zuständig ist. Die Fähigkeit zur Konzentration auf ein bestimmtes Ziel setzt voraus, dass spontane, störende, ablenkende Impulse gehemmt oder unterdrückt werden. Solche Impulse werden von tiefer liegenden (subkortikalen) »älteren« Hirnregionen generiert. Sie treten in Form basaler Bedürfnisse (Bewegungs-, Mitteilungsdrang) und deshalb als besondere Empfänglichkeit für äußere Sinneseindrücke auf. Die stärkste Ablenkung bieten wir uns selbst: Indem wir unsere »Gedanken abschweifen lassen«, unwillkürlich assoziieren, spontanen Gefühlen nachgehen, hindern wir unsere Aufmerksamkeit am konzentrischen Kreisen um das eigentliche Interessenziel. Dass es nicht immer sinnvoll ist, jedem Antrieb in eine neue Richtung sofort zu folgen, ist einem Kind nicht unmittelbar einsichtig. Impulse zu steuern, muss erst durch das Sammeln entsprechender Erfahrungen erlernt werden. Wie gut das gelingt, hängt davon ab, wie viel Gelegenheit man hat, zu erfahren, dass nicht jeder Wunsch erfüllt und jedes Bedürfnis sofort gestillt werden muss.
- Im dorsomedialen Präfrontalkortex werden synaptische Netzwerke herausgebildet, die an der Regulation der Motivation beteiligt sind, mit der ein Problem in Angriff genommen wird. Von der Motivation eines Kindes hängt es ab, inwieweit sich alle bisher angeführten Befähigungen überhaupt nach außen hin manifestieren. Ist es aus sich selbst heraus gewillt, sich einer Aufgabe zu stellen (intrinsische Motivation), nutzt es seine Ressourcen zumeist optimal; fühlt es sich durch psychischen Druck, Bestechung oder andere äußere Antriebe dazu

gedrängt (extrinsische Motivation), fällt ihm defensiv oder übereifrig das Lösen einer Aufgabe im Allgemeinen schwer. Lernt ein Kind früh, sein Verhalten auch unter erschwerten Umständen eigenmächtig zu steuern und die Folgen richtig abzuschätzen, wird es häufiger die Erfahrung machen, schwierige Situationen allein meistern zu können. Das Bewusstsein für diese Fähigkeit ist ein grundlegend wichtiger Bestandteil des gesunden Selbstvertrauens. Mit jedem gelösten Problem wächst das Vertrauen in die eigenen Fähigkeiten und mit ihm der Mut, vor neuen, größeren Problemen (Pubertät, Prüfungssituationen) nicht zu kapitulieren. Fehlen jedoch die Gestaltungspielräume, die den Erwerb dieser Kompetenzen unter lernfreundlichen Rahmenbedingungen ermöglichen, kann sich ein gesundes Verhältnis zu neuen Herausforderungen bei einem jungen Menschen nicht entwickeln. Kinder müssen lernen, Konzepte zu entwickeln, sie selbstbewusst umzusetzen, mit Rückschlägen umzugehen, indem sie erfahren, wie man das macht und dass es sich auszahlt. Und das möglichst allein, ohne die ständige Bevormundung und Überwachung durch Erwachsene.

Der entscheidende Grund dafür, dass die Entwicklung dieser komplexen Fähigkeiten und Kompetenzen bis heute in Schulen zu wenig beachtet und gefördert wird, ist banal: All diese Kompetenzen und Fähigkeiten, auf die es im späteren Leben wirklich ankommt, sind mit den traditionell eingesetzten Evaluationsinstrumenten (Schulzensuren) nicht messbar. Da der Erfolg von Maßnahmen zur Verbesserung dieser Kompetenzen bisher nicht objektivierbar war, bestand weder eine hinreichende Veranlassung noch eine begründbare Notwendigkeit für deren Einführung.

Was Kinder und Jugendliche schwach und abhängig macht

Je erfolgreicher ein Mensch die in seinem Leben auftretenden Schwierigkeiten immer wieder mit einer bestimmten Strategie zu meistern imstande ist, desto effizienter werden die dabei aktivierten Nervenzellverbindungen miteinander verknüpft, desto besser gelingt die von diesen Netzwerken gesteuerte Leistung und desto schärfer werden auch die Konturen des jeweiligen inneren Bildes herausgeformt, das die betreffenden Reaktionen und Handlungen lenkt. Das entsprechende handlungsleitende bzw. Orientierung bietende Bild rückt auf diese Weise immer stärker in den Vordergrund. Es wird immer leichter aktivierbar und immer häufiger zur Lösung anstehender Probleme eingesetzt. Die betreffenden Menschen werden dann von dieser in ihren Hirnen verfestigten Vorstellung sogar dazu getrieben, ständig neue Situationen herbeizuführen, die ihnen Gelegenheit bieten, ihre überstark gewordenen Denk- und Handlungsmuster immer wieder einzusetzen. Aus den anfangs noch dünnen und verschlungenen Nervenwegen ist dann eine Autobahn geworden, von der man nicht so leicht wieder herunterkommt.

Bekanntermaßen werden sogar die richtigen Autobahnen nicht deshalb gebaut, weil es einfach viele Autofahrer gibt, sondern weil sehr viele Menschen ein besonderes Interesse daran haben, mit Hilfe eines Autos möglichst schnell und bequem von hier nach dort zu gelangen. Ähnlich verhält es sich mit den überstarken Bahnungsprozessen bestimmter Nervenzell-Verschaltungen im Gehirn. Auch hier entstehen solche »Autobahnen« immer dann, wenn ein Mensch einen triftigen Grund hat, sein Gehirn so und nicht anders zu benutzen. Eine andauernde Bedrohung, beispielsweise durch Hunger und Elend, Not und Armut, auch durch Konkurrenten oder Feinde ist z. B. ein sehr triftiger Grund, sein Hirn auf eine ganz bestimmte Weise zum Erreichen ganz bestimmter

Ziele – nämlich zur Abwendung der betreffenden Bedrohung – zu nutzen. Aber auch die bloße Vorstellung, dass eine solche Gefahr eintreten könnte, stellt für viele Menschen bereits ein ausreichendes Motiv dar, um entsprechende Vorsichtsmaßnahmen zu treffen und dabei bestimmte Verschaltungen in ihrem Hirn stärker zu bahnen und zu festigen als andere. In ihrer Wirkung nicht zu unterschätzen ist auch die strukturierende Kraft der sozialen Beziehungen, in die Menschen hineinwachsen und die sie miteinander eingehen, weil sie in diesen Gemeinschaften Sicherheit und Geborgenheit, Halt und Orientierung finden. Um all das nicht zu verlieren, sind Menschen bisweilen allzu leicht bereit, ihr Denken, Fühlen und Handeln an die oft genug sehr einseitigen Vorstellungen, Erwartungen oder Forderungen derjenigen Menschen anzupassen, denen sie sich zugehörig, in deren Nähe sie sich sicher fühlen. Zwangsläufig bilden sich dann in ihrem Gehirn die gleichen Autobahnen heraus, wie sie bereits all jene besitzen, an deren einseitigen Vorstellungen und Zielen sie sich orientieren.

Zusätzlich unterstützt wird dieser Anpassungsprozess meist noch durch Belohnung gruppenkonformer und Bestrafung aller den Zusammenhalt der Gruppe gefährdender Verhaltensweisen, Vorstellungen und Haltungen. Je attraktiver die in Aussicht gestellte Belohnung bzw. je furchtbarer die angedrohte Bestrafung in den Augen der betreffenden Person erscheint, desto besser gelingt die auf diese Weise erzwungene Anpassungsleistung, desto effektiver werden die dazu erforderlichen und unter entsprechend starker emotionaler Aktivierung genutzten Nervenzell-Verschaltungen gebahnt, gefestigt und ausgebaut. Das gilt nicht nur für all jene Verschaltungsmuster, die für die Lenkung und Steuerung bestimmter Fähigkeiten und Fertigkeiten gebraucht werden, die man also beherrschen muss, wenn man zu einer bestimmten Gruppe oder Gemeinschaft gehören, die Anerkennung anderer finden und sich in dieser Gemeinschaft sicher fühlen will. Das gilt auch für all das Wissen, das man erwerben, und all die Kenntnisse, die man sich aneignen muss, um sich mit den anderen Mitgliedern dieser Gruppe verständigen und austauschen zu können. Und nicht zuletzt führt das Bedürfnis, zu einer wie auch immer beschaffenen und wodurch auch immer zusammengehaltenen Gemeinschaft dazuzugehören, zwangsläufig dazu, dass die von den Mitgliedern dieser Gemeinschaft geteilten Überzeugungen, deren Menschen-, Feind- und Weltbilder, die von ihnen verfolgten Ziele und die von ihnen entworfenen Visionen ebenso übernommen werden wie die diesen kollektiven Bildern zugrundeliegenden und zu ihrer praktischen Umsetzung erforderlichen Haltungen, Fähigkeiten und Fertigkeiten.

Diejenigen, die sich am wenigsten gegen derartige soziale Strukturierungsprozesse und die damit einhergehende Kanalisierung und Bahnung bestimmter neuronaler Verschaltungsmuster in ihrem Gehirn wehren können, sind die in die jeweiligen sozialen Gemeinschaften, in eine Familie, eine Sippe, eine dörfliche oder städtische Lebens- und Kulturgemeinschaft hineinwachsenden Kinder. Die in den höheren, assoziativen Bereichen ihres Gehirns erst nach der Geburt ausreifenden Verschaltungen sind in fast beliebiger Weise durch die jeweiligen von Eltern, Verwandten, Freunden vorgelebten oder vorgeschriebenen, durch Belohnung oder Bestrafung bekräftigten Reaktionsmuster formbar. Diese immense Formbarkeit des sich entwickelnden menschlichen Gehirns ist die entscheidende Voraussetzung für die transgenerationale Weitergabe der von einer Gemeinschaft entwickelten und von den erwachsenen Mitgliedern dieser Gemeinschaft für bedeutsam erachteten Fähigkeiten und Fertigkeiten, Kenntnisse und Überzeugungen, Vorstellungen und Ideen. Ohne diese Formbarkeit gäbe es keine Erziehung und Sozialisation, keine Bildung und keine Kultur.

Aber alles, was formbar ist, ist auch verformbar. Die von den Mitgliedern einer Gemeinschaft überlieferten, genutzten und weitergegebenen kollektiven Bilder können unter bestimmten

Bedingungen auch immer enger und starrer, immer egozentrischer, natur- und lebensferner werden. Das ist vor allem dann der Fall, wenn sich einzelne, meist recht einfache Vorstellungen, Überzeugungen und Haltungen über mehrere Generationen hinweg als besonders erfolgreich für das Erreichen eines bestimmten Zieles oder für die Befriedigung eines bestimmten Bedürfnisses der meisten Mitglieder dieser Gemeinschaft erweisen. Allzu leicht kommt es in solchen Phasen zu einer kollektiven Überbewertung des jeweiligen »Erfolgsrezepts« und zu einer Abwertung aller anderen, nicht zum Erreichen des angestrebten Zieles und zur Befriedigung des jeweiligen Bedürfnisses geeigneten Haltungen, Vorstellungen und Überzeugungen. Auf diese Weise kann bisweilen das gesamte Denken, Fühlen und Handeln der Mitglieder einer solchen Gemeinschaft auf eine durch Erfolg gebahnte Autobahn geraten. Die in eine solche Gemeinschaft hineinwachsenden Kinder werden dann zu immer früheren Zeitpunkten und mit zunehmend stärkerem Druck ermutigt, angehalten, erzogen oder gezwungen, ihr Hirn auf die von den Mitgliedern dieser Gemeinschaft für »richtig« befundene Weise zu nutzen. So entstehen in ihrem formbaren Gehirn die gleichen, wenn nicht gar noch breitere Autobahnen, also noch enger angelegte und noch starrer als in den Gehirnen ihrer »Vorbilder« bereits verankerte innere Bilder.

Langfristig haben derartige transgenerational fortschreitende Blickverengungen katastrophale Folgen: Was von den Vorvätern einmal mit viel Mut und Engagement entworfen und in Gang gebracht wurde, sei es durch die Gründung einer Religionsgemeinschaft, einer Siedlung, eines Wirtschaftsunternehmens oder eines Staates, wird von den Söhnen und Enkeln zunächst so lange immer stärker befestigt, wie das jeweilige Gebilde noch kräftig und vielversprechend weiter wächst und gedeiht, also alles erfolgreich läuft. Die Ideen der Gründerväter werden dabei immer stärker idealisiert und schließlich sogar zu dogmatischen Leitbildern stilisiert, bis sie schließlich so starr und unflexibel geworden sind, dass sie notwendige Anpassungen an neue Entwicklungen zunehmend behindern. Dann kommt das, was bisher wachsen konnte, zwangsläufig zum Stillstand. An die Stelle des Erfolgs tritt nun der Misserfolg. Über kurz oder lang wird das alte Leitbild vom Sockel gestoßen. Das Projekt ist gescheitert und ein Ausweg ist – in Ermangelung alternativer Orientierung bietender und handlungsleitender innerer Bilder – nicht in Sicht. Nun breitet sich eine zunehmende Verunsicherung aus, und der damit einhergehenden Angst kann schließlich nur noch durch den Rückgriff auf ältere, primitivere »Notfallreaktionen« zur Sicherung des eigenen Überlebens begegnet werden: Durch Angriff (in seiner kollektiven Ausprägungen ist das Krieg) oder durch Flucht (wenn Menschen die Flucht ergreifen oder sich nur noch um ihre persönlichen Belange kümmern, bedeutet das die Auflösung des bisherigen Gemeinwesens und die Zerstörung ihrer Bindungen an die Natur).

Notfallreaktionen, das sagt schon der Name, sind keine Strategien zur Lebensbewältigung, sondern angesichts einer existenziellen Bedrohung zur Sicherung des nackten Überlebens abgerufene Reaktions- und Handlungsmuster. Auf allen Ebenen der Organisation lebender Systeme werden solche inneren Bilder für die Bewältigung von Notfällen bereitgehalten. Sie sind älter und daher auch fester verankert als alle anderen reaktions- und handlungsleitenden Muster. Aktiviert werden sie immer dann, wenn die später entwickelten und meist auch differenzierteren Muster angesichts der durch eine Bedrohung ausgelösten Erschütterung der inneren Ordnung nicht mehr abrufbar bzw. nutzbar sind. Auf der Ebene des Gehirns entsteht im Fall einer solchen Bedrohung eine sich von den Wahrnehmungs- und Assoziationszentren rasch ausbreitende Unruhe und unspezifische Erregung. Da dadurch vor allem die hoch komplexen und deshalb besonders labilen Verschaltungsmuster in den jüngeren, zuletzt herausgeformten Bereichen der Großhirnrinde in Unordnung geraten, können in diesen Regionen keine handlungsleitenden Aktivierungsmuster mehr aufgebaut werden. Stabiler, einfacher und fester verankert – und damit weniger anfällig für das bei einer Bedrohung im Gehirn ausgelöste Chaos – sind all jene inneren Bilder, die bereits während der frühen Kindheit angelegt und besonders stark gebahnt worden sind. Deshalb werden sie unter solchen Bedingungen nunmehr handlungsbestimmend. Der betreffende Mensch reagiert dann mit dem Rückfall in diese aus seiner frühen Kindheit stammenden Muster. Bisweilen ist die mit einer Bedrohung einhergehende Erregung so stark, dass sie auch auf diese früh erworbenen Verschaltungsmuster übergreift und sie unbrauchbar macht. Dann geht es auf der Stufenleiter der im Gehirn angelegten inneren Bilder noch weiter hinab. So bleiben schließlich als einzige noch aktivierbare und zur Lebensrettung nutzbare innere Bilder all jene sehr stabilen Verschaltungsmuster übrig, die aus der Stammesgeschichte mitgebracht und in älteren Hirnregionen bereits vor der Geburt herausgeformt worden sind. Dann reagiert der betreffende Mensch mit einer dieser archaischen Notfall-Handlungen, in die auch alle anderen Säugetiere in lebensbedrohlichen Situationen zurückfallen: Flucht oder Angriff – bzw., wenn weder das eine noch das andere funktioniert: Erstarrung. Die führt zu Stereotypien und unterschiedlichsten Formen so genannter Übersprunghandlungen (Kopulation, Essen, Trinken, Selbstverletzung etc.). Menschen, die in einer von der Natur entfremdeten Welt aufwachsen und leben, können unter solchen Bedingungen weder Rücksicht noch Verantwortung gegenüber der Natur, der Kultur oder gegenüber anderen Menschen empfinden. Ihnen fehlen die dazu erforderlichen inneren Bilder.

Es ist nie zu spät, Neues hinzuzulernen

Das Bedürfnis nach Zugehörigkeit und Verbundenheit einerseits und nach Autonomie und Freiheit andererseits bringt jeder Mensch bei seiner Geburt bereits mit auf die Welt und die Suche nach Möglichkeiten zur Stillung dieser beiden Grundbedürfnisse bestimmt den Lebensweg aller Menschen bis zum Tod. Die dabei im Laufe des Lebens gemachten Erfahrungen werden in Form spezifischer neuronaler Verschaltungsmuster im präfrontalen Cortex verankert. Sie bestimmen unsere Bewertungen, lenken unsere Aufmerksamkeit, unser Denken, Fühlen und Handeln. Zu diesen prägenden Erfahrungen zählen auch Erfahrungen eigener Ohnmacht und Hilflosigkeit, nicht selten auch eigene Schuldzuschreibungen, Verletzungen und psychische Traumatisierungen. Diese negativen, Angst und Verunsicherung auslösenden und das eigene Selbstverständnis, Selbstvertrauen und Selbstwirksamkeitskonzept unterminierenden Erfahrungen machen Menschen vor allem in ihrer Beziehung zu ihnen emotional nahestehenden Bezugspersonen. Den meisten Erwachsenen gelingt es, diese negativen Erfahrungen und die damit einhergehenden Ängste durch unterschiedliche Bewältigungsstrategien, durch vielfältige Aktivitäten im Familien- und Berufsleben mehr oder weniger effizient zu verdrängen, zu kompensieren oder zumindest vorübergehend zu vergessen.

Mit zunehmendem Alter und dem Wegfall dieser Kompensationsmöglichkeiten durch eigene Aktivitäten einerseits und dem Verlust Sicherheit bietender Bindungsbeziehungen andererseits werden jedoch die früher gemachten negativen Erfahrungen wieder wach und aktivieren das Angst- und Stresssystem im Gehirn. Oft sind ältere Menschen diesen Ängsten dann hilflos ausgeliefert. Ihre bisher eingesetzten Bewältigungsstrategien sind unbrauchbar geworden und nennenswerte Erfahrungen von erfolgreich bewältigten Ängsten haben sie in ihrem Leben nicht gemacht. Sie fühlen sich einsam, hilflos und ohnmächtig und entwickeln individuell bisweilen sehr unterschiedliche, angstbedingte somatische oder psychische Störungen.

Der damit einhergehende Verlust an Autonomie erzeugt weitere Verunsicherung und Angst, und so entsteht sehr leicht ein Teufelskreis, aus dem ältere Menschen allein keinen Ausweg mehr finden. Im Fokus der Bemühungen bei ihrer Begleitung muss daher die Wiedererlangung verlorenen Vertrauens stehen: durch Erfahrungen eigener Kompetenz, durch Erfahrungen emotionaler Verbundenheit und durch Erfahrungen der Sinnhaftigkeit und Eingebettetheit der eigenen Lebensgeschichte in einem transpersonalen Kontext.

Angst als allgegenwärtiges Phänomen

Überall auf der Welt streben Menschen nach einem erfüllten Leben mit Aufgaben, an denen sie wachsen können, und Beziehungen, auf die sie sich verlassen können. Sie träumen von Geborgenheit und Autonomie, von einem Leben ohne Not und Angst. Die Realität sieht anders aus: unsichere Arbeitsplätze, Konkurrenz- und Leistungsdruck, Mobbing, Zukunftsangst, Orientierungslosigkeit und vieles mehr macht uns schwer zu schaffen. So geraten wir immer wieder und meist auch schneller als gedacht in Krisen. Verzweifelt suchen wir nach Lösungen, denn wenn wir die nicht finden, verlieren wir irgendwann den Halt und manchmal sogar die Fähigkeit, von einem Leben ohne Angst und Stress träumen zu können. Zu allen Zeiten und an allen Plätzen dieser Erde haben Menschen deshalb versucht, ihre Träume vom stressfreien Leben wahr werden zu lassen oder, wenn das nicht gelang, wenigstens an eine zukünftige, angstfreie, bessere Welt zu glauben.

Da in der Vergangenheit schon genug Scharlatane mit ihren Ratschlägen für große Enttäuschungen gesorgt haben, glauben wir heute lieber an die objektiven, von Experten nachgewiesenen Tatsachen. Vor allem von den wissenschaftlichen Erkenntnissen der Angst- und Stressforscher erhoffen viele Menschen heutzutage Wissen, das ihnen hilft, mit Angst und Stress umzugehen. Von ihnen haben sie erfahren, wie die Stressreaktion funktioniert: dass die Angst in bestimmten Regionen des Gehirns entsteht, dass dabei verschiedene Transmitter und Hormone vermehrt ausgeschüttet werden und vielfältige Wirkungen auslösen, dass die Anfälligkeit für Stress genetische Ursachen hat und durch ungünstige frühkindliche Entwicklungsbedingungen für den Rest des Lebens erhöht bleiben kann, und vor allem, dass Angst und Stress krank machen. Zu der alten Angst ist so inzwischen noch eine neue hinzugekommen: die Angst vor den Folgen von Angst und Stress. Die Wartezimmer von Psychologen und Psychiatern spiegeln das wider. Deren wichtigste Botschaft löst in den meisten Fällen zunächst wenig Begeisterung aus: Die mit jeder Lebenskrise einhergehende Verunsicherung bzw. Angst ist ein zentraler Bestandteil unseres Gefühlslebens und eine sehr starke, unser Denken und Handeln bestimmende Kraft. Nicht indem wir Angst zu bekämpfen versuchen, sondern indem wir sie als wichtiges Gefühl verstehen, können wir sie nutzen, um uns weiterzuentwickeln. Um eine psychische Belastung ohne Schaden auszuhalten, muss die Belastung als sinnvoll und die Veränderung als wünschenswert empfunden werden. Aber unter welchen Voraussetzungen und von wem kann eine Krise angenommen und als Signal für einen notwendigen Veränderungsprozess verstanden werden? Was geschieht im Gehirn derjenigen Menschen, die außerstande sind, eine geeignete Lösung für eine angstauslösende, krisenhafte Entwicklung zu finden?

Druck erzeugt Stress

Menschen brauchen Aufgaben, an denen sie wachsen können. Aufgaben, die bewältigbar sind, ermöglichen uns die positive Erfahrung, dass wir etwas bewirken, bewegen, gestalten können, auch wenn es bisweilen anstrengend ist. Die erfolgreiche Bewältigung von Herausforderungen stärkt das Gefühl von Selbstwirksamkeit. Und wer das schon als Kind und auch später im Leben immer wieder erfahren hat, sucht aus eigenem Antrieb nach neuen Herausforderungen. Der will etwas leisten und setzt sich dabei selbst unter Druck. Eustress hat man das früher genannt, aber der Übergang von Eu- zum Dysstress ist fließend und individuell sehr unterschiedlich.

Am Anfang jeder Stress-Reaktion kommt es zunächst zu einer Aktivierung des sympathischen Nervensystems mit verstärkter Katecholaminausschüttung. Die führt zur Mobilisierung von Energiereserven und einer Arousal-Reaktion im Gehirn, die wachrüttelt und die Aufmerksamkeit auf das Problem lenkt, das es zu bewältigen gilt. Ist das gelungen, kehrt wieder Ruhe ein, die periphere sympathische Aktivierung wird abgestellt, im Gehirn wird noch ein Schwung Dopamin und Endorphin ausgeschüttet und man erlebt einen Zustand, als hätte man gleichzeitig eine kleine Dosis Kokain und Heroin eingenommen. Erfolgserlebnis nennt man das, und ohne solche Erfolgs- und Aha-Erlebnisse wäre das Leben grau und eintönig. Weil die verstärkte Ausschüttung von Dopamin gleichzeitig auch noch zur Bahnung und Verstärkung der zur Lösung des Problems aktivierten neuronalen Verschaltungen führt, wird man bei der Bearbeitung solcher und ähnlicher Herausforderungen wunderbarerweise auch noch immer besser. Aus den anfänglich noch sehr schwachen Verknüpfungen werden, je häufiger ein Problem auf die gleiche Art gelöst wird, allmählich immer besser nutzbare Nervenwege, dann Straßen und am Ende sogar Autobahnen. Und von diesen kommt man dann später oft nur schwer wieder herunter. Man versucht es immer wieder auf die gleiche, eingefahrene Weise und wenn sich dann irgendwann das Problem verändert und eine neue, innovative Lösungsstrategie gefunden werden müsste, sitzt man fest, fällt immer wieder in die alten Muster zurück, und erlebt dann alles andere als Eustress. Dann gerät man sehr leicht in Angst und Panik.

Verunsicherung erzeugt Angst

So wird erklärlich, weshalb ausgerechnet diejenigen Menschen, die bisher ganz besonders erfolgreich mit ganz bestimmten Strategien unterwegs waren, im Alter plötzlich völlig hilflos reagieren, wenn neue Anforderungen auf sie zukommen, die sich mit ihren bisherigen erfolgsgebahnten Verhaltensmustern nicht lösen lassen.

Damit geht es ihnen nicht anders als all jenen, die auch ohne solche Erfolgsbahnungen mit Problemen und Aufgaben konfrontiert sind, die sie nicht zu bewältigen imstande sind. Auch sie erleben diesen überstarken Druck als Bedrohung und reagieren darauf mit Angst.

Eine Angst auslösende Bedrohung führt im Gehirn zur Mobilisierung so genannter archaischer Notfallreaktionen. Aktiviert werden diese Reaktionen durch spezifische Auslöser auf der Ebene der Wahrnehmung (etwa bei einem Unfall), viel häufiger aber durch die subjektive Bewertung eines Ereignisses, oft auch im Vorfeld (etwa eine bevorstehende Prüfung). Wobei es weniger das Ereignis ist, das die Angst auslöst, sondern die befürchteten oder erlebten Reaktionen anderer Menschen, mit denen man sich einerseits verbunden fühlt oder von denen man abhängig ist. Der häufigste Auslöser von Angst ist daher die reale oder vorgestellte negative

Bewertung des eigenen Handelns oder der eigenen Leistungen durch andere, bedeutsame, mächtige oder sonst wichtige Menschen.

Angst erzeugt Veränderungsdruck

Die Angst ist kein angenehmes Gefühl und der Rückfall in archaische Notfallmuster der Verhaltenssteuerung ist kein beglückender Zustand. Deshalb sucht jeder Mensch, wenn er Not und Angst überstanden hat, nach Lösungen, die ihm diese Erfahrung künftig ersparen. Meist wird eine der beiden folgenden Möglichkeiten gewählt: Entweder man verändert die Verhältnisse, die die Angst auslösen, und versucht so, die Welt und die anderen Menschen an sich selbst und die eigenen Bedürfnisse anzupassen. Oder man verändert sich selbst und versucht sich und die eigenen Bedürfnisse an die jeweils herrschenden Verhältnisse so anzupassen, dass es künftig nicht mehr zu diesen Angst auslösenden Diskrepanzen zwischen der eigenen Erwartungshaltung, den eigenen Kompetenzen und der realen Welt kommt.

Nur wenigen Menschen gelingt eine dritte Form der Veränderung, die sich als Bewusstseinswandel manifestiert. Auf dieser Stufe wird weder eine Veränderung der Verhältnisse noch des eigenen Verhaltens als wichtigste Voraussetzung zur Überwindung der Angst betrachtet, sondern eine andere Bewertung des Geschehens im Außen und im eigenen Inneren angestrebt. Grundlage dieser neuen Bewertung ist eine veränderte Haltung, eine andere Einstellung gegenüber dem Leben und dem, worauf es im eigenen Leben wirklich ankommt. Hier geht es also eher um das Wiederfinden von etwas, was man angesichts von Leistungsdruck und Erfolgsstreben verloren hat.

Wenn nichts mehr geht: Angst und Einsamkeit im Alter

Wenn Menschen alt werden, lässt der Leistungsdruck zwar nach, aber dafür wächst die Verunsicherung. Was bisher ging, geht nicht mehr. Der Aktionsradius schrumpft, und damit verschwindet auch das Gefühl von eigener Bedeutsamkeit, von Selbstwirksamkeit und Kontrollierbarkeit.

Lebenspartner und emotional nahestehende Personen sind immer weniger verfügbar. Die Perspektiven künftiger eigener Lebensgestaltung werden zunehmend eingeschränkter.

Ältere Menschen werden also nicht nur einsamer, sie werden auch stärker auf sich selbst zurückgeworfen. Die ehemals vorherrschende Orientierung am Außen verwandelt sich zwangsläufig – und erzwingt zunehmend – eine stärkere Orientierung am Innen. Damit werden alte Erfahrungen wieder wach, und allzu oft handelt es sich bei diesen Erfahrungen um bisher Unverarbeitetes, Verdrängtes und scheinbar Vergessenes, um leidvolle, traumatisierende, schuld- und angstbesetzte Erinnerungen aus der eigenen Lebensgeschichte. Kamen die primären Auslöser von Angst bisher von außen – als Bedrohungen der eigenen Existenz oder des eigenen Selbstbildes von anderen, emotional nahestehenden Personen – so kommen die primären Auslöser von Ängsten im Alter nun von innen – als Angst auslösende Erinnerungsbilder. Die Folgen sind in beiden Fällen gleich: Es kommt zur Aktivierung einer Angstreaktion im Gehirn, die jetzt aber, bei älteren Menschen, sehr viel schwerer durch eine eigene Gegenreaktion kontrollierbar ist, etwa durch den Einsatz einer neuen Bewältigungsstrategie oder durch eine Veränderung der eigenen Bewertungen und der diesen Bewertungen zugrunde liegenden, im bisherigen Leben erworbenen inneren Einstellungen und Haltungen.

Es ist nie zu spät, aber es geht nicht mehr allein

Was kompetente Wegbegleiter älterer Menschen schon immer wussten, hat nun die moderne Hirnforschung mit Hilfe ihrer neuen bildgebenden Verfahren (funktionelle Kernspintomographie) endlich auch nachgewiesen. Ihre wichtigste Entdeckung heißt: Das menschliche Gehirn ist plastischer, als bisher angenommen. Bis ins hohe Alter können sich neue Verbindungen zwischen den Nervenzellen herausbilden, können einmal entstandene neuronale Netzwerke umgeschaltet, erweitert und an neue Nutzungsbedingungen angepasst werden.

Damit es allerdings zu solchen neuroplastischen Umbauprozessen im Gehirn kommt, muss es dort, in den tieferen Bereichen, dem so genannten Mittelhirn, zur Aktivierung der emotionalen Zentren kommen. Nur wenn die dort liegenden Zellen erregt werden, kommt es an den Enden ihrer weitreichenden Fortsätze zur Freisetzung so genannter neuroplastischer Botenstoffe – und die wirken wie Dünger auf die nachgeschalteten Nervenzellen. In einem rezeptorvermittelten, intrazellulären Signaltransduktionsprozess stimulieren sie die Expression vor allem solcher Gensequenzen im Zellkern, die für die Neusynthese von Proteinen zuständig sind, die ihrerseits das Auswachsen neuer Fortsätze und die Bildung neuer Nervenzellkontakte steuern.

Damit aber diese »Düngergießkanne« auch im Gehirn eines älteren Menschen in Gang kommt und entsprechende Veränderungen der neuronalen Konnektivität ausgelöst werden können, müsste sich die betreffende Person noch einmal über etwas freuen, sich für etwas interessieren, sich an etwas begeistern können. Mit anderen Worten: Es müsste von diesen älteren Menschen eine neue Erfahrung gemacht werden, die als besonders wichtig und bedeutsam erlebt und bewertet wird. Eine Erfahrung, die die eigene Weiterentwicklung, eine Überwindung von Angst und Verunsicherung ermöglicht.

Eine Erfahrung, die aus der Vereinsamung herausführt, die dem Leben wieder Sinn verleiht, die wieder mit sich selbst, mit anderen Menschen und der jeweiligen Lebenswelt verbindet. Eine solche Erfahrung machen ältere Menschen selten allein und aus sich selbst heraus.

Dazu brauchen sie Menschen, die sie nicht nur verständnis- und liebevoll, sondern auch kompetent begleiten, indem sie z. B. die Fähigkeit schärfen, sich des Körpers (wieder) bewusst zu werden und indem sie ältere Menschen für körperliche Empfindungen sensibilisieren und deren Vermögen (wieder) verbessern, selbst gemachte Körpererfahrungen in eigene artikulierbare und differenzierbare Sinnerfahrung zu übertragen. So ermöglichen körperorientierte Erfahrungen die Wiederentdeckung einer ganz früh gemachten ganzheitlichen Erfahrung: Denken, Fühlen und Handeln sind nicht voneinander getrennt, sondern bilden eine Einheit. In dieser tiefen Verbundenheit, dieser Kohärenz unseres Denkens, Fühlens und Handeln haben wir alle schon vorgeburtlich und später als Kinder unsere ersten Erfahrungen gemacht. Und so sind diese frühen Erfahrungen auch noch heute in den tieferen Schichten unseres Gehirns verankert: als Einheit.

Das Trennende, die Diskrepanzen und Unvereinbarkeiten zwischen dem, was ältere Menschen denken, was sie fühlen und wie sie handeln, hat sich erst später herausgebildet. All dieses Trennende ist das Resultat eines äußerst schmerzhaften Prozesses (an dessen Schmerzhaftigkeit sich aber kaum jemand erinnert, weil die »Probleme« ja scheinbar erfolgreich gelöst wurden), den wir Erziehung und Sozialisation nennen. Im Verlauf dieses Prozesses lernt jedes Kind auch heute noch einmal genau das, was ältere Menschen damals, als sie noch Kinder waren, ebenfalls »erfolgreich« gelernt haben: ihr Denken und Fühlen, ihren Körper von ihrer Seele abzutrennen, anders zu handeln, als sie eigentlich handeln wollten und etwas anderes zu sagen, als sie eigentlich dachten.

So betrachtet, müssten ältere Menschen eigentlich nur wiederfinden, was sie verloren haben, damit sich ihr Gehirn verändert. *To reconnect the dysconnected,* nennen das die Engländer. Durch Umdenken lässt sich das nicht erreichen. Durch »Umfühlen« auch nicht und ebenso wenig, indem man etwas einfach nur ganz anders macht. Sie müssten eingeladen werden, eine neue, d. h. eigentlich eine alte, eine ganzheitliche Erfahrung zu machen: dass es Momente gibt, die man erleben kann, in denen das Denken, das Fühlen und das Handeln nicht mehr voneinander zu trennen sind. Wenn das passiert, kommt auch die Düngergießkanne im Hirn wieder in Gang – egal, wie alt ein Mensch schon geworden ist.

Ausleitung

Vor drei Jahren wurde ich in einer Fernsehsendung gefragt, wie lange unsere Schulen noch so bleiben würden, wie sie damals waren. »In sechs Jahren«, habe ich damals geantwortet, »wird sich das, was dann in unseren Schulen geschieht, in einer Weise verändert haben, wie wir es uns heute noch gar nicht vorstellen können.« Manche hielten das für utopisch, andere meinten, ich hätte nicht mehr alle Tassen im Schrank. Jetzt ist Halbzeit, gute Gelegenheit für eine Zwischenbilanz:

In vielen Schulen hat sich auch in diesen letzten drei Jahren nicht viel verändert. Aber in vielen anderen Schulen haben sich die dortigen Akteure inzwischen ganz offensichtlich auf den Weg gemacht.

Und – das ist neu – sie werden dazu von ihren Trägern und auch von Verantwortlichen der Kulturbehörden nicht nur ermutigt. Sie werden dabei auch unterstützt. Eigenständige Entscheidungen und selbstverantwortliches Handeln sind erwünscht. Der eigene Gestaltungsspielraum ist größer geworden. Er wird noch nicht überall genutzt, aber immer häufiger. Es gibt mehr Austausch und es gibt Initiativen, die Schulen vor Ort bei diesem Veränderungsprozess begleiten.

Und es gibt Schulen, die es geschafft haben oder zumindest gut vorangekommen sind und die nun anderen zeigen, dass es geht und wie es gehen kann.

Der Umstand, dass inzwischen auch so genannte behinderte Kinder nicht mehr in Sonderschulen abgeschoben, sondern mit allen anderen Kindern unterrichtet werden, ist für viele Schulen eine Herausforderung, die nur durch Veränderungen bisheriger Unterrichtsmethoden und durch die Herausbildung einer günstigeren Beziehungskultur zu bewältigen ist. Auch das klappt noch nicht immer, aber immer häufiger. Inzwischen haben sich auch erste Unternehmen und Ausbildungsbetriebe, wie die Deutsche Bahn, entschlossen, von den Schulabgängern keine Zeugnisse mehr sehen zu wollen und die Eignung ihrer Bewerber nach anderen Kriterien zu beurteilen. Diese Entwicklung hilft den in Schulen tätigen Lehrpersonen ganz erheblich dabei, ihr eigenes Selbstverständnis und ihre pädagogischen Ziele neu zu definieren. Auch an Universitäten gibt es zunehmende Bemühungen, Studienplätze nicht mehr auf der Grundlage von Abitur-Durchschnittsnoten, sondern durch eigene Auswahlverfahren zu vergeben.

Vieles ist also in den letzten Jahren bereits in Bewegung gekommen und schon jetzt ist absehbar, dass es sich dabei nur um den Beginn eines Veränderungsprozesses handelt, der inzwischen nicht mehr aufzuhalten ist. Den auch niemand mehr aufhalten will, weil er von allen Beteiligten – dort, wo er in Gang gekommen ist – als vorteilhaft erlebt wird.

Es mag sein, dass dieses Buch und das dadurch ausgelöste Nachdenken über das, was Lernen bedeutet und worauf es für die Aufrechterhaltung der Freude am Lernen, am eigenen Entdecken und am gemeinsamen Gestalten ankommt, einen hilfreichen Beitrag für eine Umorientierung, auch und vor allem in den Köpfen von Eltern und Bildungsverantwortlichen leistet. Das jedenfalls ist es, was ich mir wünsche und weshalb ich diese sieben Thesen herausgearbeitet habe. Die Beiträge zur Untermauerung sind zur Veranschaulichung und Konkretisierung dieses doch sehr theoretischen ersten Teils angefügt.

All jene Leserinnen und Leser, die diese Gedanken und Anregungen noch weiter verfolgen möchten, sind herzlich eingeladen, sich die auf meiner Homepage (www.gerald-huether.de) zum kostenlosen Download eingestellten Video- und Audiodateien anzuschauen oder anzuhören.

Hilfreiche Anregungen für eigene Überlegungen bietet sicher auch der Film *Alphabet* von Erwin Wagenhofer (www.alphabetfilm.com) oder das Buch *Eduacation* von Margret Rasfeld.

Ich selbst bin Mitbegründer der Initiativen www.schule-im-aufbruch.de und www.schulen-der-zukunft.org. Gemeinsam mit anderen Männern kümmere ich mich um die in unsere Gesellschaft hineinwachsenden Jungs (www.maenner-fuer-morgen.de). Schwerpunkt meiner jetzigen und auch künftigen Aktivitäten bildet aber die Herausbildung einer für die Entfaltung der in Gemeinschaften angelegten Potenziale günstigen Beziehungskultur (www.akademiefuerpotentialentfaltung.org).

Die Zusammenstellung all dieser unterschiedlichen Aktivitäten und Initiativen macht auch mir selbst deutlich, wie sehr mir die Herausbildung einer Art des Umgangs miteinander am Herzen liegt, die es ermöglicht, dass in Zukunft immer mehr Menschen die in ihnen angelegten Potenziale zur Entfaltung bringen können.

Und es ist mir in diesem Zusammenhang besonders wichtig darauf hinzuweisen, dass nichts von alldem hätte entstehen können, wenn mich dabei nicht so viele andere Personen mit Rat und Tat, oft aber auch nur durch ihr bloßes Dasein und Zuhören unterstützt hätten. Bei ihnen möchte ich mich deshalb an dieser Stelle sehr herzlich bedanken. Allen voran bei meiner Frau und unseren beiden inzwischen zu mutigen jungen Frauen herangewachsenen Töchtern. Natürlich auch bei meinen Eltern und meinem nun selbst schon Vater gewordenen Sohn. Aber auch bei allen Unterstützern und Freunden: Peter Schipek, Inge Patsch, Werner Binnenstein und vielen anderen aus Österreich, Daniel Hunziker und allen anderen SchweizerInnen, Daniel Siegel, Peter Levine und anderen Kollegen aus den USA, und hier, aus meiner Heimat,

Klaus-Dieter Dohne, Birgitt Emde, Jürgen Pilz, Sebastian Purps-Pardigol, Peter Spiegel, Stephan Wachsmut und vielen anderen, die ich hier nicht alle erwähnen kann.

Und nicht zuletzt möchte ich mich auch bei Ihnen, liebe Leser und Leserinnen dafür bedanken, dass Sie sich für das interessieren, was ich für Sie zusammenzufassen versucht habe.

Göttingen, im Advent 2015
Gerald Hüther